LE TIMBRE VOYAGE AVEC...

MOZART

REMERCIEMENTS

L'éditeur tient à remercier tout particulièrement Anne Cogos

SOUS LA DIRECTION DE

Françoise Eslinger, Directrice de Phil@poste

Louis Virgile, Directeur marketing et commercial

François Chalvet, Directeur du marketing

Isabelle Valade, Responsable des éditions et produits philatéliques

Francine Jamin, Responsable de l'édition

CONCEPTION, CRÉATION, RÉDACTION ET RÉALISATION

Éditions Palette...

Responsables de l'édition : Brigitte Stephan et Didier Baraud

assistés de Héloïse Bertrand et Nicolas Martin

Directeur artistique : Loïc Le Gall

Rédaction : Christophe Hardy

Iconographie : Béatrice Fontanel

Relecture et corrections : Catherine Lucchesi

Photogravure : Dupont Photogravure

Dépôt légal : juin 2006.

Imprimé dans la Communauté européenne par ERCOM

© La Poste/Phil@poste

28 rue de la Redoute, 92266 Fontenay-aux-Roses Cedex

ISBN : 2-913763-32-4

Illustration de couverture:

Fête des noces de Joseph II et d'Isabelle de Parme, 10 octobre 1760,

peinture d'époque de Martin van Meyten, 1760. Château de Schönbrunn,

Vienne, Autriche © Akg-images / Erich Lessing

LE TIMBRE VOYAGE AVEC...

MOZART

Préface d'Ève Ruggiéri

SOMMAIRE

Ève Ruggiéri vient de publier *Mozart,*
l'itinéraire libertin aux **Éditions Michel Lafon.**

insi La Poste a choisi d'offrir à Mozart, pour son deux cent cinquantième anniversaire, des timbres !

C'est à double titre une belle et bonne idée, car il y a timbres et… timbres. Ceux qui, finement ciselés, valident nos pensées et sans lesquels nos messages resteraient, au propre comme au figuré, « lettre morte » ; et puis les autres, ceux qui colorient les sons sortis de nos gorges. Fragiles identités nuancées et mutantes tout au long de nos vies, qui font danser les notes sur deux cordes délicates. Étrangement, les uns comme les autres sont indissociables de la vie de Mozart. Liés à tout jamais.

Qu'importe qu'ils soient de cire, jadis, ou de papier, aujourd'hui ; de chair ou de sang, en un seul mot pluriels, il y a là tout l'itinéraire sur cette terre d'un génie qui signait, en verlan déjà, Trazom. Européen bien avant l'heure, de Salzbourg à Milan ou Venise, de Vienne à Paris, de Londres à Amsterdam ou Genève, on le suit à la trace, ou plutôt on le devine, entre les notes bien sûr, mais aussi entre les lignes.

« Constance, te revoir enfin », chante Belmonte dans *L'Enlèvement au sérail,* au moment même où Mozart écrit à Leopold que justement, malgré le refus paternel, il enlèverait bien sa Constance à lui pour en faire son épouse.

« *Viva la liberta !* », s'exclame Don Juan, et adieu sans regret au tyrannique prince-archevêque Colloredo.

Explosant les phrases, projetant les mots au rythme de ses émois, étirant les cordes vocales jusqu'à les briser, vers le ciel où la Reine de la nuit foudroie la tendre Pamina, ou vers l'enfer qui guette les débauchés blasphémateurs, Mozart, en quelques centaines de lettres à sa famille, à l'espiègle et libertine « cousinette », à ses amis musiciens... et en six opéras écrits en moins de dix ans, nous dit tout de lui et... de nous !

De ses aspirations, de ses amours, de ses rêves, de ses nostalgies, de ses espoirs et de ses désespoirs, et puis, par-dessus tout, de cet amour des autres.

De cette fraternité qui, jusqu'au bout de ses attentes déçues, ne cessa jamais de l'habiter.

C'est au moment même où il se sent mourir, loin de tout et abandonné de tous, qu'il fait chanter à Papagena et Papageno le plus tendre et le plus gai, le plus optimiste aussi des duos d'amour :

« Quelle joie sera la nôtre / Si les dieux pensent à nous / Et nous envoient des enfants / De gentils petits enfants... »

« Je voudrais bien entendre encore une fois ma *Flûte enchantée...* », murmura-t-il la veille de sa mort, le 5 décembre 1791.

À l'éternité il laissait la musique de son âme, celle-là même qui nous porte à croire aux dieux et, parfois, en l'homme.

Ève Ruggiéri

L'Europe à travers chants

« Un homme de talent moyen restera toujours médiocre, qu'il voyage ou non.
Mais un homme de talent supérieur (ce que, sans renier Dieu, je ne puis me dénier)
deviendra mauvais s'il reste toujours au même endroit. »
(Lettre de Mozart à son père, 11 septembre 1778)

Ci-contre: Vue de Salzbourg par Georg Emil Libert, XIXᵉ siècle.

11

VOYAGES
en musique

La brève existence de Mozart et la richesse de son œuvre musicale donnent l'image d'une trajectoire brillant de la lumière du génie. Ce parcours artistique et spirituel est inscrit dans la géographie européenne, car Mozart fut un grand voyageur. Il passa l'essentiel de sa jeunesse sur les routes, entre les grandes capitales culturelles de son temps.

Le jeune Mozart voyagea en famille. Ses dons musicaux exceptionnels avaient frappé son père Leopold, qui était aussi son professeur. Il importait de les faire reconnaître par les puissants du moment, de les développer au contact d'artistes plus expérimentés afin d'assurer l'avenir professionnel de l'enfant prodige. Le point de départ fut Salzbourg, ville autrichienne placée depuis près d'un millénaire sous la tutelle de princes-archevêques. À la naissance de Wolfgang, c'est le libéral Sigismund von Schattenbach, grand ami des arts, qui était au pouvoir. Il savait que la réputation grandissante du petit Mozart augmenterait l'éclat de sa ville aux yeux de l'Europe entière. Il autorisa donc Leopold à déserter son poste de vice-maître de chapelle pour de longs voyages avec sa femme et ses deux enfants, Wolfgang et sa sœur aînée Nannerl.

CHRONOLOGIE

1756 (27 janvier) Naissance de Wolfgang Amadeus Mozart à Salzbourg.

1763-1766 Longue tournée européenne de la famille Mozart.

1767-1768 Premiers concertos pour piano et petit opéra *Bastien et Bastienne*.

1777-1778 Voyage à Mannheim et Paris, où sa mère meurt en juillet 1778.

1779-1780 Salzbourg, messe « du Couronnement ».

1781 Rupture avec Salzbourg ; installation à Vienne.

1782 *L'Enlèvement au sérail* (Vienne) ; mariage avec Constance Weber.

1785 Six quatuors dédiés à Haydn.

1786 Concertos pour piano nᵒˢ 23 et 24 ; *Les Noces de Figaro* (Vienne).

1787 *Don Giovanni* (Prague).

1788 Symphonies nᵒˢ 39, 40 et 41 « Jupiter »

1790 *Così fan tutte* (Vienne); mort de l'empereur Joseph II.

1791 Commande du *Requiem* ; *La Clémence de Titus* (Prague) et *La Flûte enchantée* (Vienne); maladie (octobre) et mort le 5 décembre.

En haut : Vue de Salzbourg, anonyme, 1775.
Ci-dessus : Mozart enfant jouant au piano avec son père et sa sœur, vers 1763-1764, par Carmontelle.

« MONTRER UN MIRACLE AU MONDE »

Né en 1719, Leopold Mozart est entré à la cour du prince-archevêque de Salzbourg comme musicien-serviteur, violoniste (1743), puis vice-maître de chapelle (1763). Il jouit d'une belle réputation de pédagogue : son *Traité de violon* (1756) a été traduit en plusieurs langues. À partir des années 1760, il se concentre sur l'éducation artistique de ses deux enfants, qui deviennent des professionnels accomplis. Admiratif du génie musical de son fils Wolfgang, il se dévoue entièrement à sa réussite. Il en fait un virtuose du clavecin et d'autres instruments, comme le violon, l'orgue et le pianoforte (ancêtre de notre piano moderne). Wolfgang est aussi bon chanteur, il déchiffre une partition inconnue ou improvise avec brio à partir d'un thème qu'on lui soumet.

Dès l'âge de six ans, il commence à se produire lors des tournées que son père, impresario efficace, organise à travers l'Europe pour révéler l'excellence du petit garçon et de sa sœur. À Vienne, en octobre 1762, ils sont accueillis dans l'intimité de la famille impériale et Wolfgang en profite pour sauter sur les genoux de Marie-Thérèse d'Autriche ! Pendant la grande tournée menée de juin 1763 à novembre 1766 (Munich, Paris, Londres, Amsterdam, La Haye, Genève...), la renommée des deux prodiges est telle que, dès l'annonce de leur présence, notables et princes se les disputent. Louis XV les reçoit à Versailles en janvier 1764 et George III, le roi d'Angleterre, à Londres au printemps suivant.

En haut à gauche : Sonates pour clavecin dédiées à Madame Victoire de France, fille de Louis XV.
En haut à droite : Mozart dans le salon des Quatre-Glaces au palais du Temple à Paris en 1764, par Ollivier Michel Barthélemy, huile sur toile.
Ci-dessus : La mauvaise façon de tenir le violon (à gauche) et la bonne façon de tenir le violon (à droite) par Leopold Mozart, 1756.

En haut : **Première représentation de *L'Incontro improviso* de Joseph Haydn au palais Esterhazy, en 1775.**

Ci-dessus : **Portrait de Joseph Haydn par Thomas Hardy, 1792.**

À la recherche
DE MÉCÈNES

Au XVIIIe siècle, le musicien occupe un rang subalterne. Il vit souvent comme « artiste-serviteur » dans une maison aristocratique. S'il prend le risque de l'indépendance, il lui faut établir une renommée capable d'attirer protections, commandes et élèves.

L'exemple de Joseph Haydn (1732-1809) est éclairant. S'il bénéficie de la sécurité d'un emploi chez les Esterhazy, l'illustre aîné de Mozart en paie le prix : il porte la livrée, jouit d'une liberté de mouvement réduite, est astreint à de lourdes tâches : composer inlassablement, organiser concerts et spectacles, assurer la discipline parmi les instrumentistes et l'éducation musicale des membres de la famille princière.

Rares sont les artistes qui se risquent à mener une carrière sans être attachés au service d'un prince ou d'une cour. Parmi ces exceptions, il y a des virtuoses comme le pianiste Muzio Clementi (1752-1832), qui vit de concerts publics et de leçons dispensées à des élèves fortunés, mais aussi des compositeurs à la mode qui écrivent de l'opéra italien, alors très prisé. Ainsi Giovanni Paisiello (1740-1816) signe-t-il plus d'une centaine d'ouvrages qui occupent le devant des scènes lyriques en Italie, en Russie, en Autriche, en France.

Les voyages développent et installent une réputation. On y multiplie rencontres, projets et commandes. Leopold veille toujours à orienter son fils vers les gens influents, les mécènes possibles. Son premier séjour italien dure plus d'un an et le conduit à Vérone, Milan, Parme, Bologne, Florence, Rome, Naples et Venise. Au cours de ce long voyage, il obtient trois contrats, tous milanais : un premier opéra, *Mitridate* (1770), suivi de deux commandes lyriques, *Ascanio in Alba* (1771) et *Lucio Silla* (1772). Plus au nord, la cour de Munich sollicite Mozart pour deux opéras, *La Finta Giardiniera* (1774) et *Idoménée* (1781).

Les tentatives de Leopold ou de Wolfgang lui-même pour obtenir une place fixe sont inlassables. Lorsqu'en 1777 Mozart se rend à Mannheim puis à Paris, c'est avec l'espoir de trouver un poste qui lui convienne. Espoir déçu, qui le ramène vers Salzbourg.

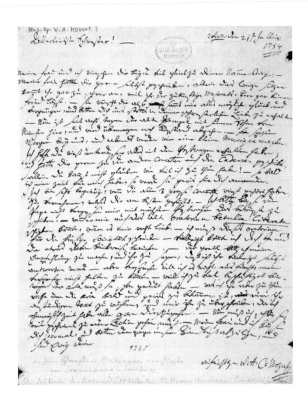

LA CORRESPONDANCE

Quand on voyage, on écrit à ses proches, à ceux qui feront circuler les nouvelles… La vie de Mozart et de ses proches nous est familière grâce à une correspondance exceptionnelle par sa quantité (plus d'un millier de lettres entre 1762 et 1791, quatre cents lettres de Constance ensuite) et par la richesse des informations fournies (sur la vie du compositeur, la chronologie et la genèse de ses œuvres). Au début, c'est surtout Leopold qui écrit. Mais, dès le séjour en Italie, Wolfgang se joint à lui pour des post-scriptum loufoques où se mêlent l'allemand, le français et l'italien. Au cours du dernier voyage vers Paris, il envoie à son père et à sa sœur près de deux cents lettres passionnantes sur sa sensibilité, ses tourments, ses espérances, et se défoule en adressant des calembours scatologiques à sa cousine. Après l'installation à Vienne, les lettres de Mozart à Salzbourg font la chronique des projets et des succès. La mort de Leopold en mai 1787 réduit la correspondance aux échanges entre Wolfgang et sa femme. Après 1791, Constance Mozart, consciente de l'importance et de l'originalité des lettres de son défunt mari, s'emploiera à les faire publier.

Ci-dessus, de gauche à droite :
Lettre de Mozart à Haydn, 1784.
Lettre de Mozart à sa cousine Maria Anna Thelka Mozart, 10 mai 1779.
Manuscrit original du *Requiem en ré mineur* pour soliste, chœur et orchestre, 1791.

ÉLARGIR
l'horizon artistique

Le pédagogue Leopold a nourri son fils de l'idée qu'un artiste doit maîtriser la musique comme un langage, avec son expressivité, sa capacité à traduire les émotions humaines dans toutes leurs nuances. Mais il y a la méthode et il y a l'expérience.

En un temps où la diffusion de la musique passe nécessairement par le théâtre d'opéra, l'église, le concert chez des particuliers ou dans les cours princières, seuls les voyages forment le goût. En fréquentant d'autres terres et d'autres têtes musicales, on complète sa formation, on écoute jouer d'autres virtuoses, on lit des partitions inconnues, on découvre d'autres techniques instrumentales, des façons neuves d'utiliser le clavier, l'orchestre, la voix...

Hors de Salzbourg, des rencontres décisives orientent le génie d'interprète et de compositeur de Mozart. À Mannheim (1763, 1777), il fréquente la cour musicale la plus brillante d'Allemagne. À Paris, en 1764, il perfectionne sa maîtrise technique et expressive du clavier auprès de Johann Schobert, engagé depuis 1760 par le prince de Conti. À Londres, le dernier fils de Jean-Sébastien Bach, Jean-Chrétien, exerce une influence considérable sur l'écriture du jeune garçon qui, grâce à lui, se familiarise dès l'âge de huit ans avec l'opéra italien.

La passion des Mozart pour le théâtre est une constante. En tournée dans une ville étrangère, si la soirée n'est pas prise par une audition des enfants, on se précipite pour écouter une pièce ou un opéra. En Italie, Mozart se forge une culture lyrique complète en suivant de nombreuses représentations d'œuvres signées par les grands compositeurs du moment (Jommelli, Piccinni). À mesure qu'il progresse dans la carrière, sa fréquentation des théâtres ne faiblit pas : elle aiguise sa sensibilité, son sens critique, elle lui permet de se forger une esthétique, de développer l'instinct dramatique très sûr qu'il mobilisera pour ses propres opéras.

En haut : Portrait de Jean-Chrétien Bach par Thomas Gainsborough.

Ci-dessus : Vue de Londres dans les années 1780 par Thomas Junior Malton.

L'ITALIE, BERCEAU DE LA CULTURE,
TERRE D'ÉLECTION DU « BEAU CHANT »

Au temps de Mozart, le voyage italien est une étape majeure pour former l'esprit et façonner le goût artistique. Il permet à un musicien d'explorer les sources de son art, surtout s'il ambitionne de réussir dans l'opéra, car au XVIIIe siècle le modèle lyrique italien règne sur l'Europe. En Italie, Mozart adolescent découvre également la musique d'église telle qu'on la pratique alors. Ses dons lui valent des récompenses : il est admis aux Académies philharmoniques de Vérone et de Bologne, et le pape lui remet les attributs de chevalier de l'ordre de l'Éperon d'or pour avoir notamment transcrit de mémoire le fameux *Miserere* d'Allegri.

LES CONSEILS D'UN VIEUX SAGE

À Bologne, en 1770, Wolfgang fait la connaissance du Padre Martini (1706-1784), un compositeur et pédagogue qui lui dispense son enseignement sur l'histoire de la musique et l'art de la fugue. Les deux hommes nouent des liens d'estime et d'amitié. Toute sa vie Mozart saura tirer parti de l'héritage des maîtres anciens : à Vienne, dans les années 1782-1783, grâce au baron van Swieten, il redécouvrira les chefs-d'œuvre de Jean-Sébastien Bach et de Haendel, alors oubliés.

En haut à gauche : *Le Menuet* par Giandomenico Tiepolo, XVIIIe siècle.
En haut à droite : Vue de Bologne par William Callow, XIXe siècle.
Ci-contre : Caricature de Farinelli, Cuzzoni et Senesino dans *Flavio* de Haendel, vers 1728.

Ci-dessus : Diligence devant une auberge
par Thomas Rowlandson (détail).

Ci-contre : L'Europe au XVIIIᵉ siècle par Charles Bonne.

ITINÉRAIRE À TRAVERS L'EUROPE

L'Europe de Mozart n'est pas celle d'aujourd'hui.
L'Allemagne et l'Italie ne sont pas encore unifiées.
Le monde germanique rassemble une mosaïque d'États
souverains intégrés au Saint Empire, placé sous l'autorité
d'un empereur choisi dans la dynastie des Habsbourg.
Cette maison princière règne aussi sur ses possessions
héréditaires : l'Autriche, la Bohême et la Hongrie. Une telle
organisation politique influence la vie culturelle : pour
des raisons de prestige, beaucoup de cours germaniques
engagent des musiciens pour les servir, ce qui multiplie
les possibilités d'emploi. La situation est analogue en Italie,
où le pays est partagé entre les États du Nord, sous
influence autrichienne, les États de l'Église et le royaume
de Naples. En revanche, l'Angleterre et la France sont des
royaumes centralisés : l'activité musicale y est concentrée
dans les capitales, Londres et Paris, et pour un musicien
les opportunités d'obtenir un poste fixe sont plus réduites.

Conquérir VIENNE

Der Michaels Platz gegen die K.K. Reitschule.   La Place de S. Michel vers le Manège Impl. Royal.

En 1779, quand Mozart rentre de Paris où il espérait s'établir, la perspective de rester à Salzbourg au service du prince-archevêque Colloredo, qui a succédé à Schattenbach en 1772, l'exaspère : ce serait étouffer sa créativité dans un lieu qu'il juge étriqué, provincial. L'année 1781 marque un tournant. Mozart prend en main son destin. Il rompt avec Salzbourg. Le désir d'indépendance, la soif de reconnaissance président au choix de Vienne, capitale de l'empire des Habsbourg. La vie musicale y est bouillonnante. Depuis la cour impériale, sa chapelle et ses théâtres, elle rayonne vers les orchestres qu'entretiennent les maisons aristocratiques, jusqu'aux salons bourgeois où l'on s'est mis à pratiquer la musique pour faire montre d'éducation et de raffinement.

La période des grands voyages est achevée. Commence l'ultime décennie (1781-1791), celle de l'épanouissement du génie artistique. Mozart quitte peu la ville, sinon ponctuellement pour aller à Prague, Berlin ou Francfort. Délaissant la musique d'église qui dominait sa production salzbourgeoise, Mozart sait qu'il doit proposer des symphonies et de la musique de chambre s'il veut vivre de son art. Il sait surtout, parce que son goût l'y porte, qu'il doit s'imposer dans le domaine lyrique. Car Vienne est le « pays de l'opéra ». C'est là que, entre 1782 et 1791, il écrit les six grands ouvrages qui enchantent aujourd'hui les mélomanes du monde entier : *L'Enlèvement au sérail*, *Les Noces de Figaro*, *Don Giovanni*, *Così fan tutte*, *La Clémence de Titus* et *La Flûte enchantée*. Le cœur du répertoire mozartien.

Ci-dessus :
Vue de Vienne en 1783 par Carl Schütz.
Ci-contre : Gants à l'effigie du prince-archevêque Colloredo, patron de Mozart à Salzbourg.

19

L'Enlèvement au sérail

1782

« C'est le cœur qui fait la noblesse de l'homme ; et j'ai beau n'être pas comte, peut-être ai-je plus d'honneur en moi que bien des comtes. »
(Lettre de Mozart à son père, 20 juin 1781, Vienne)

Ci-contre : *Le déjeuner de la sultane* par Nicolas-Pierre Pithou, d'après Van Loo, 1783, porcelaine tendre.

Aimer en toute liberté

Belmonte veut s'introduire dans le palais d'un pacha turc pour délivrer sa fiancée Constance et un couple de serviteurs. Deux hommes vont se dresser sur son chemin : Osmin, le gardien du sérail, et le pacha Selim, ennemi mortel de son propre père. Mais tout finira bien: amour et clémence triompheront.

ACTE I. DEVANT LE SÉRAIL.

Un bord de mer, dans une Turquie imaginaire. Belmonte, un jeune seigneur espagnol, se tient devant le palais du pacha Selim; il porte un déguisement. Sa fiancée Constance a été vendue à Selim par des pirates, de même que sa suivante anglaise, Blonde, et le serviteur de Belmonte, Pedrillo. Le pacha espère faire d'elle sa favorite, mais sans la contraindre. Belmonte est grossièrement repoussé par Osmin, le gardien du sérail. Il parvient toutefois à entrer en contact avec Pedrillo, devenu jardinier de Selim. Pour forcer l'entrée du sérail et organiser une fuite collective, Pedrillo présente Belmonte comme un architecte et parvient à le faire engager par Selim.

ACTE II. RETROUVAILLES.

Dans le jardin du palais, Blonde sermonne Osmin, qui prétend la soumettre comme une esclave. Elle exige tendresse et prévenance; lui réagit comme une brute. Alors elle sort ses griffes et le chasse. Constance songe à son bonheur enfui quand Selim surgit, résolu: demain, Constance devra l'aimer. Devra? Constance préfère mourir, et Selim peut bien la menacer des pires tortures, elle est sans crainte et inflexible. Puis Blonde croise Pedrillo, son amoureux, qui lui fait part du projet d'évasion. Elle saute de joie. Pedrillo, lui, est saisi d'un subit élan guerrier. Ses armes? Des bouteilles. Son exploit? Enivrer l'adversaire. Un problème pourtant: Osmin voudra-t-il trinquer? Sa religion interdit l'alcool, mais pourquoi pas une gorgée, et puis une autre... Osmin boit trop et s'endort. Les deux couples peuvent enfin goûter la joie des retrouvailles. Les deux hommes doutent une seconde de la fidélité de leurs belles, mais le ciel du bonheur se dégage. Rendez-vous est fixé au soir.

ACTE III. LA LIBERTÉ OU LA MORT.

Minuit. Belmonte et Pedrillo sont embusqués. Une romance pour attirer les belles à la fenêtre. Une échelle pour les délivrer. Mais Osmin arrive en titubant et surprend les fuyards : victoire ! Quatre rats pris au piège! Devant Selim, Belmonte s'explique: il n'est pas architecte, son nom est Lostados. Selim bondit : il a entre les mains le fils du gouverneur d'Oran, qui jadis fut son bourreau. Que faire? Selim s'isole. Belmonte se désole d'avoir entraîné Constance dans cette aventure fatale, mais les amants communient dans la certitude de mourir ensemble. Selim revient. Il a réfléchi. Il renonce à forcer le cœur de Constance et à se venger du fils de son ennemi. Les deux couples sont libres, qu'ils rentrent chez eux! Osmin enrage et, poursuivant ses rêves meurtriers, quitte la scène comme une toupie furieuse. Tous les autres célèbrent la grandeur d'âme du pacha.

L'Enlèvement au sérail, mise en scène de Jérôme Deschamps et Macha Makeieff, 2003.

Feuillet gommé : *Salon de réception d'une riche maison de Damas* par Alphonse Gosset, XIXᵉ siècle.

UN ORIENT
de fantaisie

Pour sa première commande viennoise, Mozart s'attaque à une « turquerie »,
une de ces histoires orientalisantes et légères dont raffole le public de la capitale
autrichienne. Mais l'œuvre s'harmonise aussi joliment avec les circonstances
de la vie du compositeur : son amour pour Constance.

En haut : Panneau provenant du second cabinet turc
du comte d'Artois par Jean Siméon Rousseau, 1781.

Ci-dessus : Portrait supposé de Constance
par Joseph Trinquesse, 1787.

Dans l'Europe classique, l'Orient ouvre un espace de rêveries. Il comble une soif d'exotisme et de merveilleux. Mais il éveille aussi une fascination ambiguë pour des mœurs raffinées, une volupté libérée de l'idée de péché mêlée à la peur d'un monde insaisissable, riche en cruautés, en fourberies... La littérature est friande de ces dépaysements. *Les Mille et Une Nuits*, découvertes depuis leur adaptation française en 1704, lues par Mozart en 1770, ont inspiré des contes insolents ou lestes : à Voltaire son *Zadig*, à Diderot ses *Bijoux indiscrets*.

Les Viennois ont un goût très vif pour l'Orient. Ils ont par exemple applaudi l'opéra-comique de Gluck *Les Pèlerins de La Mecque*, régulièrement donné dans les années 1770-1780. C'est une façon d'apprivoiser leurs peurs et leurs envies. Car, si l'action de *L'Enlèvement au sérail* se déroule dans une Turquie imaginaire, il y a la Turquie réelle de l'Empire ottoman,

toute proche, longtemps menaçante. À plusieurs reprises, entre le XVIe siècle et la première moitié du XVIIIe, l'Europe centrale a subi les assauts de ce puissant voisin. Vienne a connu des sièges éprouvants. Ses habitants, en s'adonnant aux «turqueries», semblent jouer avec ce qui fut naguère leur plus grande angoisse.

Mozart agrémente *L'Enlèvement au sérail* d'ingrédients « turcs » que le public attend. Dans l'ouverture, les chœurs ou le duo à la gloire de Bacchus, il joue de la couleur des cymbales, du triangle, de la grosse caisse et de la flûte piccolo. Il use aussi de brusques contrastes dynamiques ou harmoniques pour créer une atmosphère exotique et débridée. Parmi les personnages, Osmin incarne la part inquiétante de l'Orient (la cruauté, le raffinement des tortures...), mais dédramatisée car empreinte de bouffonnerie. Mozart l'exprime en sollicitant les limites de la voix (une basse), aussi bien

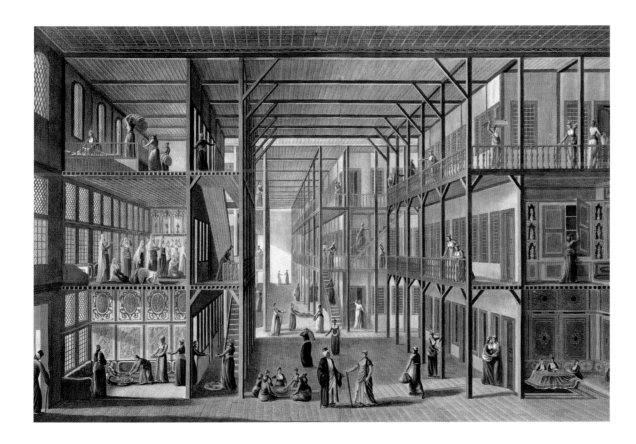

dans l'agilité que dans l'exploration de l'extrême grave. En revanche, le pacha Selim nous éloigne des fantasmes sur l'Orient : sa clémence, son renoncement héroïque à l'amour comme à la vengeance sont une leçon d'humanité très mozartienne. Il incarne un modèle d'équilibre entre raison et sentiment qui s'inscrit dans l'esprit des Lumières, en plein épanouissement dans le monde germanique.

CRÉATION ET « ROMAN PERSONNEL »

Un prénom féminin ouvre l'opéra : « C'est donc ici que je vais te voir, Constance ! » En décembre 1781, Mozart annonce à son père son intention d'épouser Constance Weber. Le mariage a lieu le 4 août 1782, peu de temps après la création de *L'Enlèvement au sérail*. La concordance des prénoms n'est pas sans incidence musicale : Mozart est trop sensible aux sonorités de la langue, à la musique des mots pour ne pas mettre beaucoup de sa propre ardeur dans les airs chantés par le noble Belmonte, déclinant toutes les nuances du sentiment amoureux.

À gauche : Vue intérieure du harem du sultan de Constantinople par François Denis Née, 1811, d'après Antoine Ignace Melling.
Ci-dessus : *La Fille du sultan*, période ottomane, XVIIIe siècle.

JOSEPH II

Fils aîné de l'impératrice Marie-Thérèse d'Autriche, Joseph II (1741-1790) succède à sa mère en 1780. Souverain économe et réformateur, inspiré par la philosophie des Lumières, il prône la tolérance religieuse, interdit la torture judiciaire et le travail des enfants, instaure des lois éducatives et fiscales plus équitables. Son goût personnel le porte à privilégier le compositeur Salieri. La légende veut qu'en plusieurs occasions il ait exprimé son désarroi devant la somptuosité des créations mozartiennes. Mais il estimait beaucoup ce Mozart, dont le génie lui échappait...

En haut : Portrait de l'empereur Joseph II d'Autriche par Mathias Jakob Schmutzer, XVIIIe siècle.

CHANTER
dans sa langue

L'Enlèvement au sérail repose sur un sujet « turc », mais on y chante et on y parle en allemand. L'ouvrage est ce qu'on appelle un *singspiel*, genre lyrique qui correspond à ce que les Français nomment opéra-comique, avec une alternance entre passages musicaux et dialogues parlés.

Singspiel: le mot est allemand (littéralement «jeu chanté»). Ce genre lyrique récent, apparu dans les années 1760-1770, est prisé dans le nord et le centre de l'Allemagne. Il est soutenu par la volonté du nouvel empereur Joseph II. Celui-ci veut faire émerger sur la scène viennoise un théâtre d'expression germanique capable de rivaliser avec les œuvres italiennes et françaises. Mais son ambition se heurte au manque de productions nouvelles : l'appétit des Viennois pour les spectacles ne peut donc être rassasié. Seule la réussite de *L'Enlèvement au sérail* répond à l'attente du monarque, même si la légende veut qu'à la création de l'œuvre il ait fait la fine bouche: «Trop beau pour nos oreilles, mon cher Mozart, et bien trop de notes!» Ce à quoi Mozart aurait répondu: «Juste autant qu'il est nécessaire, Sire.»

Le *singspiel* est une des trois formes lyriques dont Mozart s'empare. Les deux autres, prédominantes à l'époque, sont l'opéra *seria* (sujet et personnages sérieux) et l'opéra-bouffe (sujet léger, personnages comiques), qui appartiennent à la tradition italienne. Le compositeur s'affranchit des conventions esthétiques. Une des caractéristiques de l'ouvrage – une constante dans presque tous les chefs-d'œuvre mozartiens – est le subtil dosage entre gravité et légèreté. À la dignité souveraine du pacha, qui ne chante pas et campe souvent en coulisse, répond l'omniprésence cocasse et grotesque d'Osmin. Du côté des femmes, la suivante Blonde est le double enjoué, populaire, de l'héroïque Constance ; mais, à l'instar de sa maîtresse, elle ne manque pas de panache quand, en femme libre, elle affronte le machisme d'Osmin. Et le serviteur Pedrillo, s'il montre une moins grande richesse intérieure que son maître, noble figure, est beaucoup plus efficace: léger, parfois poltron, c'est pour-

tant lui qui se charge de mettre en action le plan d'évasion!

Dans ce *singspiel*, Mozart abandonne provisoirement la langue italienne. Il abandonne aussi définitivement son ancien maître Colloredo, prince-archevêque de Salzbourg. L'élan juvénile, l'inspiration novatrice, sensibles dans la verve et l'invention mélodiques, s'appuient sur ce sentiment d'indépendance. Mozart vole de ses propres ailes. Oublié l'affront qu'on lui infligea en le chassant de la maison du « Midas de Salzbourg »! La liberté est acquise. Reste à la consolider. À sa création, le 16 juillet 1782, l'ouvrage reçoit un accueil enthousiaste. Depuis Vienne, le succès se propage vers Prague et les villes d'Allemagne.

BASTIEN ET BASTIENNE

Auparavant, Mozart a fait chanter la langue allemande dans des œuvres lyriques de moindre ambition : *Bastien et Bastienne*, petit opéra de jeunesse (1767-1768) inspiré de l'opéra-comique de Jean-Jacques Rousseau *Le Devin du village* ; et surtout *Zaïde* (1779-1780), *singspiel* en deux actes sur un sujet « turc », que l'on considère comme l'ébauche de *L'Enlèvement au sérail*.

En haut à gauche : Le parc d'Augarten à Vienne par Johann Ziegler, 1783.
En haut à droite : *La Danse* ou *Iris* par Antoine Watteau, 1719-1720.
Ci-contre : Trois sœurs jouant la partition de *Zaïde*, par Carmontelle, XVIIIe siècle.

Les Noces de Figaro
1786

« [...] j'ai reçu le 2 novembre une lettre de ton frère, et de douze lignes.
Il demande qu'on lui pardonne, parce qu'il doit terminer à toute allure
l'opéra Le Nozze di Figaro. »
(Lettre de Leopold Mozart à sa fille, 11 novembre 1785, Salzbourg)

Ci-contre : L'acteur Thénard dans le rôle de Figaro par Henri-Pierre Danloux.

Les Noces de Figaro,
mise en scène de Giorgio Strehler, 2003.

Feuillet gommé: *Les Noces de Figaro,* partition manuscrite
de Mozart, 1786.

Une folle journée

Le mariage de Suzanne et Figaro, serviteurs au château du Comte Almaviva, est menacé. Le Comte, homme frivole, désire Suzanne. Elle en avertit son fiancé et sa maîtresse, la Comtesse. Ruses, déguisements, méprises, rebondissements chahuteront les corps et les cœurs. Puis, le soir venu, tout rentrera dans l'ordre.

ACTE I. LA CAMÉRISTE CONVOITÉE.

Effervescence au château du Comte Almaviva, près de Séville. Le valet Figaro doit épouser Suzanne, la camériste de la Comtesse. Mais Suzanne révèle que le Comte lui a fait des avances; et la vieille intendante Marceline exige que Figaro lui rembourse une dette ancienne. Chérubin, le filleul de la Comtesse, surgit affolé. Le Comte l'a surpris alors qu'il courtisait une jeune fille; s'il apprenait que l'adolescent soupire pour sa marraine... Le Comte l'apprend, mais il n'a pas le temps de sévir : Figaro arrive à la tête d'un cortège de paysans louant leur seigneur d'avoir aboli le droit de cuissage. Chérubin est pardonné à condition qu'il parte guerroyer au loin, muni d'un brevet d'officier signé par le Comte.

ACTE II. LA COMTESSE HUMILIÉE.

Dans sa chambre, la Comtesse songe à son bonheur enfui. Figaro propose de piéger l'époux volage en organisant un rendez-vous avec Chérubin déguisé en Suzanne... Mais, tandis qu'on déshabille le garçon, le Comte frappe à l'improviste. Il faut sauver Chérubin de la fureur du jaloux. Suzanne le fait fuir par la fenêtre. Lorsque le Comte force la porte du cabinet où l'adolescent se cachait, il n'y trouve que la camériste. Il s'excuse, jusqu'à l'irruption du jardinier annonçant qu'un homme a sauté par la fenêtre. « C'est moi! » clame Figaro qui vient d'entrer. Le fuyard a perdu un papier... Le Comte interroge son valet, auquel les femmes soufflent qu'il s'agit du brevet d'officier. Figaro feint de se souvenir : Chérubin le lui a confié, il y manque la signature. Mais la confusion règne, accrue par la venue de Marceline qui réclame justice : son argent ou la main de Figaro.

ACTE III. LA RUSE DES FEMMES.

Le Comte rumine sa vengeance : il soutiendra Marceline dans son procès contre Figaro. Au cours de l'audience, le serviteur évoque son enfance et – coup de théâtre – Marceline reconnaît en lui le fils que des brigands lui avaient volé. Bartolo est le père. Embrassades et embarras du Comte. Plus rien ne s'oppose aux noces. Mais les femmes n'ont pas dit leur dernier mot. Sous la dictée de la Comtesse, Suzanne écrit un billet conviant le Comte dans le parc le soir même – la Comtesse s'y rendra sous l'habit de sa camériste. À la lecture du billet, le Comte revit.

ACTE IV. MASQUES DANS LA NUIT.

Dans le parc, à la nuit tombée, Figaro surprend Barberine venue flirter avec Chérubin. Une indiscrétion lui fait croire que Suzanne le trahit. Il ignore, dans sa rage, qu'elle et la Comtesse ont échangé leurs costumes. Lui, Chérubin et le Comte, égarés par la nuit et les déguisements, distribuent aveux, baisers et gifles à l'aveuglette. Finalement, Figaro et Suzanne, qu'il a démasquée en fausse Comtesse, jouent la comédie de la passion : le Comte les surprend, hurle, ameute ses gens. Ivre de vengeance, il reste inflexible jusqu'à ce que sorte d'un pavillon la vraie Comtesse, fausse Suzanne qui révèle son identité. Confondu, le Comte implore son pardon. La réconciliation est générale.

En haut : Titre de l'acte III des *Noces de Figaro*, 1788. Ci-contre : « Je le tuerai... », extrait de l'acte II du *Mariage de Figaro* de Beaumarchais, 1785.

En haut : Une actrice tenant le rôle de Rosine dans
Le Barbier de Séville de Beaumarchais, XVIIIe siècle.
Ci-dessus : Personnages du Carnaval de Paris,
vers 1840 (détail).

L'opéra-bouffe SELON MOZART

Le succès de *L'Enlèvement au sérail* demeure isolé. Le théâtre en langue germanique
soutenu par l'empereur Joseph II ne parvient pas à s'imposer durablement sur la scène
viennoise. Aussi Mozart se tourne-t-il vers la langue italienne et la tradition comique
de l'opéra-bouffe.

À Naples, au début du XVIIIe siècle, les
intermèdes comiques glissés entre
les trois actes d'un grand opéra *seria* (sur
un sujet noble et grave) finissent par former une œuvre à part entière : ainsi naît
l'opéra *buffa*, opéra-bouffe en français. Il
s'agit donc d'un genre lyrique sur un sujet
léger, mettant en scène des personnages
populaires et des situations cocasses. Mais,
sous une apparence réaliste, les figures
sont stéréotypées, les schémas d'action co-
difiés comme dans la commedia dell'arte,
où travestissements, machinations, quiproquos et bastonnades mobilisent les
Arlequin, Colombine, Brighella et autres
Pantalone.

Dans sa jeunesse, Mozart s'est essayé à
ce genre très prisé du public européen. Il
a composé *La Finta Semplice* (« La Fausse
Naïve ») à l'âge de douze ans. Dès *La Finta
Giardiniera* (« La Fausse Jardinière »), écrit
à Munich en 1774, il esquisse ce qui sera

la marque de son génie : l'art de mélanger
fantaisie et gravité, tendresse et cruauté,
rire et larmes. Mozart apporte au genre
bouffe une densité nouvelle, une vérité qui
éloignent de la caricature bouffonne sans
altérer la force comique des situations.
Chaque personnage, qu'il soit sous les feux
de la rampe (Suzanne) ou que sa présence
soit plus fugace (Barberine), devient par
sa caractérisation musicale une individua-
lité, avec ses nuances, ses contradictions,
sa profondeur.

Dans *Les Noces*, Figaro n'est pas qu'un
Arlequin bondissant et rusé ; c'est un homme
amoureux, animé d'une rage, d'une jalousie
et de doutes qui font de lui l'égal du Comte,
son maître. Suzanne n'est pas qu'une soubrette espiègle ; à la loyauté de son cœur se
mêlent des notes de cruauté quand elle exa-
cerbe plus ou moins consciemment le désir
du Comte. La Comtesse n'est pas qu'un mo-
nument figé de noble vertu mélancolique ;

elle est aussi émue par l'ardeur timide du jeune Chérubin. Le cortège des *Noces* rassemble ainsi des êtres troublés, touchants, fragilisés par leurs désirs.

LEÇON DE MUSIQUE

Conformément à la tradition de l'opéra-bouffe, Mozart accorde une belle place aux ensembles réunissant plusieurs chanteurs. Dans *Les Noces*, il élabore deux finales extraordinaires par la vérité psychologique et la richesse des effets musicaux. Celui qui clôt l'acte II est un tour de force : une ample composition (20 minutes) d'un seul tenant, démarrant par un duo et progressant jusqu'au septuor, où deux groupes s'opposent dans la plus grande agitation. L'art de Mozart fait que chaque personnage y est individualisé, vivant, expressif. Le finale de l'acte IV, au lieu d'exacerber les tensions, les apaise. Une mélodie sublime lancée par le Comte rassemble les époux, rejoints par tous les autres dans une harmonie d'autant plus intense qu'on la sent fragile. Puis tous les personnages de la comédie sont saisis dans le tourbillon haletant d'un ultime chœur d'une gaieté folle.

À gauche : *Pierrot et Arlequin* par Philippe Mercier, XVIIIᵉ siècle.
Ci-dessus : *Comédiens italiens dans un parc* par Jean-Baptiste Oudry, vers 1725.

Naissance d'une COLLABORATION

Au début des années 1780, Vienne voit en Mozart un virtuose du clavier et révère son talent pour l'écriture instrumentale. Lui veut rivaliser avec les compositeurs lyriques italiens reconnus et choisit de collaborer avec le poète Lorenzo Da Ponte.

PAROLES ET MUSIQUE

Une question traverse l'histoire de l'opéra depuis son origine : qui doit avoir la prééminence, du poète-librettiste ou du compositeur ? Elle a été remise au goût du jour par un divertissement de Salieri, *Prima la musica, poi le parole* (« D'abord la musique, puis les paroles »), donné en février 1786 au château viennois de Schönbrunn.

Le point de vue de Mozart est équilibré. Il sait d'instinct que la musique seule peut magnifier le livret ; dans une lettre d'octobre 1781 à son père, il écrit que la poésie doit être « fille obéissante de la musique ». Mais il sait aussi que l'élaboration musicale souffre et s'épuise à devoir s'ajuster sur un texte de qualité médiocre.

En haut : Portrait de Lorenzo da Ponte par Nathaniel Rogers, 1820.

Ce qui, pour la postérité, distingue le compositeur de ses collègues Paisiello, Salieri ou Cimarosa, alors favoris des Viennois, c'est l'extrême soin apporté au choix du livret – le texte à mettre en musique. Parvenu à maturité, Mozart ne peut travailler ni sur un texte faible ni avec un librettiste négligent. Preuve a contrario de cette exigence : les projets lyriques ébauchés entre 1782 et 1785 sont abandonnés, car le matériau poétique et théâtral est inconsistant. En 1785, Mozart trouve en Da Ponte un artiste à sa mesure, animé d'un appétit de reconnaissance égal au sien. Entre eux s'établit un dialogue fécond, qui aboutit à la création de trois chefs-d'œuvre dans le genre bouffe : *Les Noces de Figaro, Don Giovanni, Così fan tutte.*

Né en 1749 en Vénétie, Da Ponte est un abbé lettré et galant qui a fui l'Italie après une liaison scandaleuse (la femme était vénitienne, connue et mariée). Accueilli à Dresde par son compatriote Mazzolà, poète de la cour, il se familiarise avec le travail de librettiste d'opéra. Il gagne Vienne en 1781, et obtient en 1783 la charge de poète de l'opéra italien. C'est Mozart qui lui propose d'adapter la récente comédie à succès (et à scandale) du Français Beaumarchais. L'action est resserrée : onze personnages au lieu de seize, quatre actes au lieu de cinq. Les caractères sont approfondis et, pour s'en tenir à un exemple, le Comte frivole de Beaumarchais devient un être brûlant de passion ; la part de la critique sociale et politique est gommée pour valoriser le thème plus universel de l'amour et du désir. Mozart, épaulé par Da Ponte, a inventé une « comédie en musique » d'un type nouveau. La création à Vienne, le 1er mai 1786, bénéficie de chanteurs exceptionnels. Le public viennois est surpris et conquis.

FIGARO ET L'ESPRIT FRANÇAIS

Le Figaro de Beaumarchais, réinterprété par Mozart et
Da Ponte, appartient à la tradition française des valets
de comédie intrigants, rusés, beaux parleurs. C'est un
stratège, habile à construire des intrigues, un esprit vif,
capable de tenir tête à des gens de noble condition.
C'est aussi un homme de chair et de sang, douloureux et
grave quand il se croit trahi par Suzanne. Si le personnage
de Beaumarchais exprime des revendications sociales,
peut-être annonciatrices de la Révolution française qui
se produira quelques années plus tard, le Figaro de Mozart
est moins directement lié aux circonstances politiques.
Il est plus intemporel.

À gauche : Portrait de Pierre Augustin Caron
de Beaumarchais par Jean-Marc Nattier.
Ci-dessus : Vue des bords de Seine à Paris
par J. Baptiste, XVIIIᵉ siècle.
Ci-contre : Costume de l'acteur Dazincourt dans
le rôle de Figaro.

Don Giovanni
1787

« *Je lui ai paternellement écrit qu'il ne gagnerait rien à un voyage d'été, et qu'il arriverait en Angleterre au mauvais moment, qu'il devait avoir au moins 2 000 florins en poche pour entreprendre ce voyage et qu'enfin, sans avoir déjà quelque chose de certain comme engagement à Londres, s'y risquer serait, au début du moins, souffrir la misère... »*
(Lettre de Leopold Mozart à sa fille, 1787, Salzbourg)

Le dernier jour d'un séducteur

Grand séducteur, n'obéissant à aucune loi sinon celle de son plaisir, Don Juan vit dans une fuite perpétuelle : meurtre, séduction, trahison… rien ne l'arrête, jusqu'à ce que se dresse sur sa route la Statue du Commandeur, surgie de l'au-delà.

ACTE I. LES MÉFAITS D'UN PRÉDATEUR IRRÉSISTIBLE.

Une ville d'Espagne, un peu avant l'aube. Don Juan pénètre chez le Commandeur pour abuser de sa fille, Donna Anna. Dehors, son valet Leporello fait le guet. On entend des cris : Anna poursuit son agresseur, qu'elle n'a pas identifié. Alerté, le père le provoque en duel, mais il est blessé à mort. Devant le cadavre, Anna fait jurer à Don Ottavio, son fiancé, de la venger. Au petit matin, Leporello sermonne son maître, qui ne s'en soucie guère : il a senti une odeur de femme, son gibier favori. Donna Elvire surgit, maudissant l'époux qui l'a abandonnée et qui n'est autre que Don Juan ! Le coupable s'esquive, laissant à son valet le soin de détailler son tableau de chasse : 1 003 femmes rien qu'en Espagne… Sur une place, Don Juan croise une noce paysanne qu'il invite chez lui car la mariée, la fraîche Zerline, lui plaît. Elle succomberait d'ailleurs si Elvire ne s'interposait pas. Arrivent Anna et Ottavio, réclamant l'aide de leur ami Don Juan… « Un traître ! » accuse Elvire. Don Juan tente de la faire passer pour folle mais, juste après son départ, Anna défaille : elle a reconnu la voix de son agresseur. Dissimulés sous des masques, Anna, Elvire et Ottavio se rendent au palais de Don Juan, où la fête bat son plein. Profitant de la danse générale, le maître des lieux tente d'abuser de Zerline. Les invités interviennent. Don Juan accuse son valet. Ottavio ôte alors son masque. Le séducteur, meurtrier scélérat, est confondu.

ACTE II. LA GRANDEUR D'UN HOMME DÉFIANT LA MORT.

Le soir tombe. Devant la maison d'Elvire, Don Juan retient Leporello, qui s'apprête à quitter son service, en lui donnant de l'argent. Son nouveau projet, séduire la suivante d'Elvire, exige qu'il échange ses vêtements avec son valet. Quand Elvire paraît au balcon, Don Juan feint de la reconquérir, elle descend et Leporello, faux Don Juan, est contraint de lui jouer la comédie de la passion. Une fois seul, Don Juan donne la sérénade à la suivante d'Elvire. Masetto, l'époux de Zerline, survient avec des paysans armés. Il se fait piéger par le faux Leporello, qui disperse la troupe et le passe à tabac avant de décamper. Heureusement, Zerline est là pour jouer l'infirmière. Elvire et Leporello travesti sont surpris par Ottavio, Anna, Zerline et Masetto. Elvire les implore d'épargner son compagnon. La stupeur est générale lorsque Leporello quitte son déguisement et s'enfuit. Dans le cimetière où il l'a rejoint, son maître lui narre ses dernières frasques quand une voix d'outre-tombe retentit : la Statue du Commandeur parle ! Don Juan, sans se troubler, lui lance une invitation à souper. L'effrayante Statue, fidèle au rendez-vous, exige le repentir de Don Juan. Il refuse bravement. La terre s'ouvre, l'enfer l'engloutit. Leporello racontera à tous la fin de son maître. Chacun s'en réjouira et, apaisé, reprendra le cours de sa vie.

En haut : Détail d'une fresque de Michelangelo Morlaiter pour le palazzo Grassi, Venise. Ci-contre : Projet de décor d'Alfred Roller pour l'acte II de *Don Giovanni*, Vienne, 1905.

Don Juan ou *Le Festin de pierre*, **gravure de Laurent Cars d'après François Boucher.**

La reprise d'un MYTHE BAROQUE

Pour leur deuxième collaboration, Mozart et Da Ponte s'emparent d'un mythe de la culture européenne, le ravivent et l'enrichissent. Ils donnent au personnage insaisissable de Don Juan un éclat et une noirceur qui n'ont cessé d'impressionner jusqu'à nos jours.

La figure du seigneur débauché et criminel naît en 1630 sous la plume de Tirso de Molina, dramaturge espagnol de l'époque baroque : au fil d'une intrigue accumulant galanteries, duels et forfaits, Don Juan attire sur lui le châtiment divin. À la fin du XVIIᵉ siècle, quand ce récit édifiant passe en Italie et en France, il gagne en burlesque. Molière, dans son chef-d'œuvre de 1665, oppose au cynisme odieux du libertin le ridicule du valet Sganarelle, gonflé de croyances ineptes. Le sujet du « Convive de pierre », au moment où Mozart et Da Ponte le retiennent, est méprisé par les élites cultivées. Il leur faut dépoussiérer la vieille farce. Elle est transformée en un tourbillon où Don Juan, séducteur, violeur et assassin, flanqué de Leporello, son homme à tout faire, entraîne dans son sillage la troupe de celles et ceux qu'il a séduits, trompés, bafoués, meurtris.

Sont conservés les ingrédients de la farce avec déguisements, quiproquos, bagarres, scènes de danse et de ripaille ; et les machineries grand-guignolesques, la statue qui bouge et parle, l'enfer qui ouvre ses abîmes... Mais Mozart et son librettiste colorent la comédie de touches en clair-obscur ou carrément noires. Entre l'assassinat qui ouvre le récit et la plongée de Don Juan dans les enfers, la mort rôde. Et la violence règne, accompagnant la recherche frénétique du plaisir. Face à un prédateur aussi mobile que du vif-argent, les créatures sont malmenées, révélées à leur faiblesse, éprouvées dans leur cohérence. Les serviteurs sont démunis : Masetto n'a pas la force d'un Figaro pour tenir tête à Don Juan, Leporello renâcle mais il est trop aisément achetable et Zerline est une aimable proie. Quant aux nobles dames, leur parcours vers la lumière est douloureux : au fil d'arias qui

traduisent un rude cheminement intérieur, Anna et Elvire parviennent à se libérer de l'image obsessionnelle du bourreau-séducteur. Seul l'élégiaque Ottavio, incarnation de l'amoureux mozartien, voix tendre et fervente, maintient sa loyauté chevaleresque et sa constance : il affronte Don Juan quand celui-ci menace de tuer son valet accusé à tort, et surtout il empêche sa fiancée de se perdre dans la folie vengeresse.

LEÇON DE MUSIQUE

Dans l'opéra italien tel que Mozart le pratique, deux procédés musicaux permettent au public de suivre l'histoire et le parcours des personnages. L'action extérieure progresse grâce au récitatif, déclamation chantée proche de la parole, accompagnée par le clavecin. L'action intérieure est révélée par les arias (airs), moments lyriques où un personnage s'immobilise et livre son âme à travers le chant, que l'orchestre soutient. Une trouvaille géniale de Mozart est de confier à Don Juan des airs non lyriques, utilitaires : airs « en action » pour trinquer, pour enjôler une fille, pour disperser une meute de paysans... Son âme nous reste opaque. D'ailleurs a-t-il une âme ?

À gauche : Le chanteur Francisco d'Andrade dans le rôle de Don Juan par Max Slevogt, 1903. Ci-dessus : Don Juan en enfer par Giuseppe Bernardino Bison, XIXe siècle.

À TRAVERS
le temps et l'espace

Don Giovanni est le seul opéra de Mozart à n'avoir jamais quitté le répertoire des grandes salles lyriques depuis sa création. Joué tout au long du XIXᵉ siècle, il subit des remaniements déconcertants qui traitent avec désinvolture l'esprit du livret et de la partition.

Bien plus que Vienne, Prague réserve un triomphe aux *Noces de Figaro*. Mozart le constate lors de son séjour de janvier 1787 : partout il en entend chantonner des passages. Et il repart avec la commande d'un nouvel opéra pour le mois d'octobre. À la fin de l'été, il revient dans la capitale de la Bohême. La première a lieu le 29 octobre sous la direction de Mozart, qui est ovationné. Quelques mois plus tard, l'ouvrage est repris à Vienne. La distribution vocale est différente et Mozart aménage sa partition, supprime des airs, en ajoute de nouveaux. Aujourd'hui, sur les scènes lyriques, on voit et on entend un mélange des deux versions, la pragoise et la viennoise. En 1856, pour le centenaire de la naissance du compositeur, le poète allemand Eduard Mörike imaginera dans son délicieux *Voyage de Mozart à Prague* le parcours de Wolfgang et de Constance, leur halte impromptue dans un château,

le concert improvisé autour d'extraits du *Don Giovanni* encore inachevé, l'enthousiasme de leurs hôtes d'un jour...

En quelques années, les romantiques du début du XIXᵉ siècle s'emparent du mythe de Don Juan réactualisé par Mozart. Le séducteur criminel, plein de bravoure dans son face-à-face avec l'au-delà, devient un héros sublime. Il n'est plus prédateur cynique mais assoiffé d'infini. Il repousse sans cesse les limites que la société cherche à lui imposer et qui empêchent l'épanouissement de son être et de ses désirs. Cette relecture du mythe conduit à de fréquents aménagements qui altèrent la partition : on coupe des passages, on gonfle les effectifs instrumentaux et les chœurs, on ajoute de la musique religieuse, on délaisse la conclusion jugée trop fade pour clore sur la spectaculaire damnation du héros... Le XXᵉ siècle rétablira progressivement l'ouvrage dans son authenticité.

En haut : **Vue de Prague au XVIIIᵉ siècle.**
Ci-dessus : Illustration du *Voyage de Mozart à Prague* de **Eduard Mörike, 1910.**

LES MÉTAMORPHOSES D'ANNA

Si le personnage d'Elvire est la reprise d'une invention de Molière, celui d'Anna est une vraie création mozartienne. Jeune fille noble et douloureuse, elle est déchirée entre trois hommes éveillant chacun des affects singuliers : son père assassiné, le Commandeur, suscite la piété filiale et le sens de l'honneur ; Ottavio, le fiancé, appelle l'amour et la tendresse ; Don Juan déchaîne l'effroi, la haine et la vengeance. Dès l'époque romantique, Anna a fait fantasmer les commentateurs. S'éloignant de ce que disent le texte de Da Ponte et plus encore la musique de Mozart, ils ont voulu voir en Anna une incarnation sublime de l'Éternel féminin ou bien un être rongé par un désir inconscient pour Don Juan.

MOZART À NEW YORK

Après la mort en 1790 de Joseph II, son protecteur à Vienne, Da Ponte part à Londres. Puis, en 1805, il s'installe aux États-Unis avec femme et enfants. Pendant la saison théâtrale 1825-1826, il profite de la présence de la troupe du célèbre Manuel Garcia, venue chanter *Le Barbier de Séville* de Rossini, pour faire créer *Don Giovanni* à New York. L'accueil est enthousiaste. La Malibran, fille de Garcia, se distingue dans Zerline, qui était le rôle féminin principal avant que de grandes cantatrices ne défendent avec brio ceux d'Anna et d'Elvire. Elle débute alors sa carrière, à dix-sept ans. Bientôt elle s'imposera sur les scènes européennes comme la grande diva de l'époque romantique.

À gauche : Henriette Sonntag dans le rôle de Donna Anna, XIXᵉ siècle.
Ci-dessus : Vue de Manhattan depuis Brooklyn, 1837.

Don Giovanni, mise en scène de Yannis Kokkos, 1996.

Feuillet gommé : *Cour intérieure de la chartreuse de Séville* par Eugène Delacroix, 1832.

Così fan tutte

1790

*« Le mois prochain je recevrai de la direction 200 ducats pour mon opéra ;
si vous pouvez et voulez me donner jusque-là 400 florins, vous tirerez
votre ami du plus grand embarras. »*
(Lettre de Mozart à Michael Puchberg, décembre 1789, Vienne)

Les combats du désir et de la fidélité

Ferrando et Dorabella s'aiment ; Guglielmo et Fiordiligi s'idolâtrent. Ils imaginent que leurs sentiments sont définitifs, infaillibles. Alfonso, vieux philosophe, va leur prouver en quelques heures que l'amour et la fidélité sont comme les femmes : fragiles.

ACTE I. UN PARI SUR L'INCONSTANCE FÉMININE.

Dans un café de Naples, le vieux sage Don Alfonso se dispute avec ses amis Ferrando et Guglielmo, deux jeunes officiers. Il parie qu'il réussira à prouver en vingt-quatre heures que leurs maîtresses respectives, Dorabella et Fiordiligi, deux sœurs, sont comme toutes les femmes, inconstantes en amour. Les deux officiers acceptent de se prêter à son stratagème: ils feindront de partir à la guerre, et reviendront déguisés en Albanais pour tenter de séduire leurs belles. À l'annonce du (faux) départ, Dorabella et Fiordiligi se lamentent. On échange mille promesses tandis qu'Alfonso, dans son coin, ironise. Despina, la femme de chambre, conseille à ses maîtresses de prendre du bon temps, ce qui, loin de les calmer, déclenche cris de désespoir et protestations outrées. Alfonso soudoie la soubrette pour qu'elle introduise les « Albanais » : Despina rit de leur allure, sans

reconnaître ni Ferrando ni Guglielmo. Quand les sœurs voient les intrus se jeter à leurs pieds, elles s'indignent. Aussi droite qu'un roc dans la tempête, Fiordiligi, imitée par sa sœur, repousse les galants. Les jeunes gens ont-ils gagné le pari ? Alfonso conseille d'attendre la suite. Il relance à l'assaut ses deux Albanais, qui font semblant de s'empoisonner sous les yeux des belles. Celles-ci commencent à s'attendrir, puis, quand le faux médecin (Despina travestie) ressuscite les agonisants, elles se drapent à nouveau dans leur vertu inflexible.

ACTE II. DES CŒURS TROUBLÉS.

Sous l'influence de Despina, Dorabella accepte de se laisser courtiser et convainc sa sœur ; elles désignent alors leurs soupirants, sans savoir que chacune choisit le fiancé de l'autre. Après une sérénade offerte par les deux hommes, Despina et Alfonso s'éloignent, laissant les nouveaux couples s'apprivoiser.

Dorabella cède vite aux avances de son Albanais (Guglielmo); elle lui offre le médaillon abritant le portrait de son cher mais lointain Ferrando. Fiordiligi résiste. Pourtant sa fidélité vacille car son Albanais (Ferrando) la trouble de plus en plus. Au moment où elle décide de partir rejoindre Guglielmo, son vrai fiancé, Ferrando apparaît, prêt à sacrifier sa vie pour celle qu'il avoue aimer. Fiordiligi capitule. Alfonso triomphe. Il a gagné. Mais il réconforte les perdants : Guglielmo et Ferrando savent maintenant à quoi s'en tenir sur les femmes – *così fan tutte*! Toutes pareilles, fragiles et inconstantes. Reste à clore la comédie. Un faux notaire (Despina travestie) prépare le double mariage quand soudain on annonce le retour des guerriers. Panique générale. Les Albanais s'échappent et reviennent sans leur déguisement. Les deux sœurs sont confuses, et Despina comprend qu'elle aussi a été bernée. Alfonso révèle la machination. Enfin tout rentre dans l'ordre, les couples se reforment. Mais la paix est-elle revenue dans les cœurs éprouvés de nos quatre amants ?

Ci-dessus : Portrait de Constance Weber, épouse
de Mozart, par Hans Hansen, 1802.
Ci-dessous : Miniature sur ivoire montrant Constance
à l'époque de ses fiançailles avec Mozart, 1782.

Le regard de Mozart
SUR LES FEMMES

S'en tenir au constat que *Così fan tutte* est une démonstration misogyne sur la frivolité féminine serait trahir l'esprit de l'opéra, en méconnaître la lumineuse sagesse. Dans ses portraits musicaux comme dans sa vie, Mozart a toujours porté sur les femmes un regard tendre et profond. Jamais celui, hâtif et vorace, d'un Don Juan.

Così fan tutte est l'histoire d'une comédie écrite et mise en scène par un vieux philosophe, Don Alfonso. Les cinq autres personnages sont des marionnettes qu'il manipule à son gré : certaines se prêtent au jeu (les deux garçons), d'autres en sont les victimes (les deux filles) ; quant à Despina, servante soudoyée, elle croit à tort tout connaître de ce jeu auquel elle prend une part active. Le piège fonctionne : les femmes chutent comme prévu. Mais Mozart nous offre bien plus qu'une sèche démonstration sur la faiblesse féminine. Il approfondit la comédie, ne cesse d'installer sous la gaieté une gravité secrète. Il casse la géométrie trop simple de la petite mécanique libertine : sa musique différencie les deux couples qui se forment à l'acte II. Pour ce qui est de la gaieté un peu superficielle propre au genre bouffe, il y a le couple Dorabella-Guglielmo, sympathique et «médiocre» : lui impulsif, d'une exubé-rance un peu extérieure ; elle cédant aux conseils de la servante et choisissant de prendre du bon temps. On suppose que, à la fin de l'opéra, il ne leur en coûtera guère de revenir au point de départ : Dorabella épousera son Ferrando, Guglielmo retrouvera sa Fiordiligi.

L'autre couple est plus subtilement mozartien. Entre Ferrando et Fiordiligi, rôles confiés à ces voix élevées (ténor, soprano) que Mozart affectionne, naît un élan puissant et sincère. Ferrando en oublierait presque qu'il joue un rôle d'Albanais séducteur. D'où le trouble de leurs deux cœurs, arrachés à leur première histoire d'amour. Le duo ardent où ils s'avouent leur passion est un des sommets de la partition. Tout comme le toast où les quatre amants, prêts à s'épouser, célèbrent l'ivresse de l'instant présent et l'effacement du passé : pour les filles, oubli des anciens fiancés ; pour les garçons, oubli du stratagème d'Alfonso.

Le dénouement propose un retour ambigu au schéma amoureux initial. L'expérience traversée a été cruelle. Mais l'épreuve est surmontée et la paix est retrouvée, comme si la violence des désirs était apprivoisée par la lucidité, la compassion et la tendresse. Finalement, grâce à la musique de Mozart, Alfonso est plus qu'un manipulateur : c'est un pédagogue, un maître d'humanité.

En haut à gauche : Lettre de Mozart à sa femme Constance datée du 6 août 1791.
En haut à droite : *Danse italienne à Naples* par Carl Wilhelm Gotzloff, 1836.
Au-dessous : Silhouette d'Aloysia Weber, XVIIIe siècle.

MOZART AMOUREUX

Enfant choyé, Mozart ne se comportera pas en bourreau des cœurs féminins une fois adulte ! Épris de la jeune soprano Aloysia Weber en 1777, il se heurte à sa froideur capricieuse et, quelques années plus tard, il se marie avec la cadette des Weber, Constance. Entre les époux s'établit un lien solide, charnel autant qu'émotionnel. Homme fidèle, Mozart éprouvera toujours pour les voix féminines un attrait vif, parfois mêlé de désir. Ce qu'il exprimera en le sublimant dans des airs de concert virtuoses, écrits « sur mesure » pour certaines des plus grandes cantatrices de son temps : sa belle-sœur Aloysia (créatrice de Donna Anna à Vienne), Nancy Storace (créatrice de Suzanne), Josepha Duschek.

Così fan tutte, mise en scène de Ezio Toffolutti, 2003.

Feuillet gommé : *Così fan tutte*, partition manuscrite de Mozart, 1783.

En haut : *Mozart au piano* par Joseph Lange, 1789, toile inachevée.

Ci-dessus : *Le Baiser volé* par Jean Honoré Fragonard, vers 1788.

Les infortunes de COSÌ FAN TUTTE

Le dernier fruit de la collaboration entre Mozart et Da Ponte a connu un destin étrange. Bien accueilli, vite négligé, méprisé au XIXᵉ siècle, il a été réévalué au XXᵉ siècle et défendu par de grands interprètes. Aujourd'hui, *Così fan tutte* a reconquis sa place dans le répertoire lyrique.

Entre la création viennoise de *Don Giovanni* en mai 1788, qui n'obtient pas de succès, et celle de *Così fan tutte* en janvier 1790, Mozart ne signe aucun ouvrage lyrique, il traverse une période de gêne matérielle et de détresse morale. Il a été nommé en décembre 1787 musicien de la Chambre impériale – chargé, par exemple, d'écrire les danses pour la cour. Mais sa popularité de virtuose du clavier s'est estompée, car le public viennois est versatile. D'où une perte de revenus, comme concertiste et comme professeur. Les projets de voyage ouvrent des perspectives. S'installer à Londres ? Aller en Russie ? Le seul voyage réalisé le conduit en Allemagne du Nord, à Dresde, Leipzig, Berlin, au printemps 1789. Mozart en revient plus pauvre qu'au départ… La reprise triomphale des *Noces* à la fin de l'été est une éclaircie. Elle incite l'empereur Joseph II à commander un nouvel opéra-bouffe, l'ultime collaboration avec Da Ponte. Mozart compose *Così fan tutte* durant l'automne. Fin janvier, l'ouvrage est très bien reçu, mais il est retiré de l'affiche après cinq représentations à cause de la mort de Joseph II.

S'ensuit une longue traversée du désert. Au XIXᵉ siècle, d'illustres compositeurs comme Beethoven, Berlioz ou Wagner reprochent à Mozart de s'être compromis sur un livret qu'ils jugent frivole. Ils ne comprennent pas comment l'auteur de *Don Giovanni*, que la génération romantique admire parce qu'elle y projette son goût de la démesure, a pu signer cette partition, symbole d'un XVIIIᵉ «rococo», vaguement immoral et sans grandeur.

Le XXᵉ siècle est le temps de la renaissance. De grands chefs d'orchestre imposent *Così fan tutte* sur les scènes lyriques : Gustav Mahler à Vienne en 1900, Richard Strauss pour la création du Festival de Salzbourg en 1922, Bruno Walter à Berlin

Ci-dessus : Frontispice de *Così fan tutte*.

Au milieu : Eva von der Osten dans le rôle d'Octavian du *Chevalier à la rose*, 1911.

À droite : Richard Strauss par Eduard Steichen, 1904.

Au-dessous : Silhouettes de Hugo von Hofmannsthal et de Richard Strauss par W. Bithorn, 1914.

en 1926, Fritz Busch au festival anglais de Glyndebourne en 1934. Après la Seconde Guerre mondiale, la réévaluation s'accélère, soutenue par des interprètes d'exception et par le disque microsillon. Après Salzbourg en 1947 avec Josef Krips à la baguette, une nouvelle production dirigée par Hans Rosbaud marque l'ouverture en 1948 du Festival d'art lyrique d'Aix-en-Provence, créé sous l'impulsion de la comtesse Pastré, de Gabriel Dussurget et d'Henri Lambert. Aix se place sous les auspices de Mozart. La redécouverte française de *Così fan tutte* est lancée.

ÉMULES DE MOZART ET DE DA PONTE

Admirateurs de Mozart et promoteurs du Festival de Salzbourg, le compositeur Richard Strauss et le poète Hugo von Hofmannsthal ont formé un duo artistique aussi fécond que celui de Mozart et Da Ponte. Leurs créations lyriques sont des hommages fervents à l'œuvre mozartienne : *Le Chevalier à la rose* (1911) fait référence aux *Noces de Figaro* et à la Vienne du XVIIIe siècle ; *La Femme sans ombre* (1919) renvoie à *La Flûte enchantée*. *Ariane à Naxos* (1912-1916) pratique un mélange réjouissant entre le style bouffe et le genre noble : *Così fan tutte* n'est pas loin, la gourmande Zerbinette conseillant la vertueuse Ariane évoque irrésistiblement Despina face à Fiordiligi.

La Clémence de Titus

1791

« [...] quand je pense comme nous étions gais et enfantins ensemble à Baden...
Habitué à m'interrompre parfois pour échanger quelques mots avec toi,
ce plaisir est hélas à présent impossible ; si je vais au clavier chanter un passage
de l'opéra, il faut que j'arrête aussitôt, c'est pour moi trop d'émotion. »
(Lettre de Mozart à Constance, 7 juillet 1791, Vienne)

LE RÉCIT
Passions romaines

À Rome, vers l'an 80, Vitellia ambitionne d'épouser l'empereur Titus. Mais elle croit qu'il la rejette et va pousser le noble Sextus à comploter contre lui. Face aux passions et aux trahisons qu'il découvre, Titus s'en tiendra à de vertueux principes : la clémence et le pardon.

ACTE I.
LA MÉCANIQUE D'UN COMPLOT.

Rome, vers l'an 80 de notre ère. Après l'élimination du père de Vitellia, Titus règne. Il projette d'épouser Bérénice. Sextus, noble romain admirateur de l'empereur, est épris de Vitellia, qui veut l'utiliser comme instrument de sa vengeance: pour preuve de son amour, elle exige qu'il assassine Titus. Mais un ami de Sextus, Annius, vient annoncer le départ de Bérénice. L'espoir renaît chez Vitellia: peut-être va-t-elle enfin être choisie comme impératrice... Elle ordonne à Sextus de suspendre l'exécution du complot. Paraît Titus, acclamé par le peuple. Il annonce qu'il a décidé d'épouser une Romaine, Servilia, sœur de Sextus. Or, Annius et Servilia s'aiment. La jeune fille se présente devant l'empereur et lui ouvre son cœur. Admirant sa sincérité, Titus renonce à l'épouser. Servilia, rayonnante de bonheur, croise Vitellia, qui se méprend et, folle de jalousie, relance Sextus : qu'il agisse au plus vite ! Le jeune homme consent, par amour pour elle, à commettre ce crime que sa conscience rejette. Vitellia apprend alors que Titus demande sa main. Mais il est trop tard pour arrêter la marche du complot. Sur le Capitole, siège du pouvoir politique, Sextus se désespère, il va tuer le plus juste et le plus clément des monarques ; il veut mourir. Déjà le Capitole est en flammes. Des rumeurs courent. On parle de trahison, de conjurés... Titus aurait été assassiné. Le peuple pleure son empereur, « astre porteur de paix ».

ACTE II. FAIRE LA LUMIÈRE, PURIFIER LES CŒURS.

Dans le jardin impérial du mont Palatin, Annius annonce à Sextus que Titus a miraculeusement échappé à l'attentat qui le visait. Sextus lui avoue sa culpabilité. Annius lui conseille de s'expliquer et de compter sur la générosité de l'empereur, tandis que Vitellia l'encourage à fuir. Le capitaine de la garde vient arrêter Sextus. Titus reparaît en public, et la foule se réjouit qu'il soit sauf. Mais il s'inquiète du sort de son ami Sextus, que le Sénat est en train de juger. Annius vient annoncer le verdict : Sextus a avoué, il est condamné à mort. Titus convoque le coupable pour qu'il s'explique sur sa trahison. Sextus ne peut lui révéler les mobiles du complot sans compromettre Vitellia : il choisit le silence, s'abîme dans la douleur et la certitude de la mort. D'abord outré, Titus hésite entre la sévérité vengeresse et la clémence, qui risque de passer pour de la faiblesse. Il signe l'arrêt de mort, puis le déchire. Vitellia est profondément touchée de ne pas avoir été dénoncée. Tourmentée par le remords, elle décide d'avouer la vérité à Titus. Au moment où l'empereur va annoncer publiquement qu'il gracie Sextus, elle se jette à ses pieds et s'accuse. Choqué par cette nouvelle épreuve, Titus s'en tient à la clémence. Tous les conjurés sont libérés. L'assemblée célèbre la générosité et la grandeur de son monarque.

En haut: Aureus à l'effigie de Titus, Ier siècle apr. J.-C., pièce d'or. Ci-contre: Projet de décor de Giorgio Fuentes pour *La Clémence de Titus*, **Théâtre national de Francfort, 1799.**

FRANCE 0,53 €

LA POSTE 2006

MOZART

La Clémence de Titus

La Clémence de Titus,
mise en scène de Lukas Hemleb, 2005.

Feuillet gommé : *Ruines romaines dans un parc* par Hubert
Robert, XVIIIᵉ siècle, sanguine.

L'ultime opéra seria DE MOZART

Ci-dessus: *Apothéose de Haendel*, portrait posthume du compositeur par Rebecca Biagio, 1787.

Ci-contre : Miniature de Johann Adolf Hasse par Felicita Hoffmann, 1745.

La Clémence de Titus appartient à la tradition italienne de l'opéra *seria*. Quelques mois avant sa mort et parallèlement à l'écriture de *La Flûte enchantée*, Mozart renoue avec ce genre lyrique noble qu'il avait négligé depuis *Idoménée*, composé pour Munich en 1781.

Seria signifie «sérieux» en italien. Comme l'opéra-bouffe, le genre *seria* relève de la tradition lyrique italienne et est originaire de Naples. Mais il ne contient aucun élément de comédie. Le ton est constamment grave, élevé. C'est un modèle de spectacle dont le succès se généralise dans les élites et les cours européennes du XVIIIe siècle. Il repose sur un certain nombre de conventions d'écriture. Le livret se développe sur un sujet héroïque mettant en scène des personnages historiques ou mythologiques. La musique se concentre sur l'air soliste, et particulièrement sur l'*aria da capo*, forme baroque où la troisième partie de l'air reprend la première en lui ajoutant des ornementations vocales valorisant la virtuosité du chanteur. L'opéra *seria* du XVIIIe siècle marque en effet le triomphe des artistes lyriques, notamment des castrats, vedettes que l'on s'arrache à prix d'or. De grands compositeurs, aînés de

Mozart, se sont illustrés dans ce genre : des Italiens comme Vinci, Porpora, Jommelli, mais aussi Haendel en Angleterre et Hasse dans le monde germanique.

Mozart s'empare des conventions de cette tradition et les infléchit. Il suffit de comparer ses quatre ouvrages de genre *seria* pour voir s'affirmer son tempérament artistique et son sens du théâtre. Dans *Mitridate* (1770) et *Lucio Silla* (1772), composés à l'adolescence pour la ville de Milan, il suit encore le modèle napolitain: les arias solistes prédominent. Mais dès *Lucio Silla*, et plus encore dans les deux ouvrages de la maturité, *Idoménée* (1781) et *La Clémence de Titus* (1791), leur part diminue au profit des ensembles réunissant plusieurs solistes (duo, trio, quatuor...). Et Mozart donne aux chœurs et à l'orchestre un rôle expressif de plus en plus marqué. Par ailleurs, dans la partition de 1791, il aborde le thème politique – stéréotypé pour l'époque –

Tom. II.   *Pag 66.*

Ph. Chery, *inv.*   Cazé, *sculp.*

TITUS.

de la clémence du souverain en privilégiant le couple des amants criminels, Vitellia et Sextus. *La Clémence de Titus* développe donc une thématique autour de l'amour, du pardon et de la fraternité, très proche de *La Flûte enchantée*, mais traitée « à l'antique » et non sur un mode féerique.

En haut à gauche : Projet de décor pour
La Clémence de Titus, 1815.
En haut à droite : Portrait allégorique du castrat Farinelli
par Jacopo Amigoni, 1735.
Ci-contre : Costume pour le rôle de Titus dans *Bérénice*
de Racine par Philippe Chery, 1802.

L'ÂGE D'OR DES CASTRATS

Mozart a écrit Sextus pour un castrat. Cette voix masculine très aiguë, répandue dans la musique d'église italienne aux XVIe-XVIIe siècles (les femmes n'étaient pas autorisées à chanter), envahit les scènes des théâtres lyriques au XVIIIe. Elle nécessite un geste médical, pratiqué sur de jeunes garçons apprentis chanteurs, qui bloque la mue au moment de la puberté. Le résultat est spectaculaire : une voix d'enfant (soprano ou alto) dans un corps d'adulte, avec une cage thoracique surdimensionnée et une longueur de souffle exceptionnelle. L'engouement du public du XVIIIe siècle pour des castrats comme Farinelli ou Senesino est comparable à celui d'aujourd'hui pour les « pop stars ». Les castrats ayant disparu, le rôle de Sextus est désormais attribué à la voix féminine de mezzo-soprano.

Ci-dessus : **Fêtes pour le couronnement de Leopold II à Prague en 1791 par Johann Balzer.**
Ci-dessous : **Portrait de Métastase par Rosalba Carriera, 1730.**

EN DEUX TEMPS, trois mouvements !

En acceptant, à la mi-juillet 1791, une commande du théâtre de Prague pour le début du mois de septembre, Mozart s'oblige à travailler encore plus vite qu'à son habitude. La légende voudrait qu'il ait composé *La Clémence de Titus* en moins de trois semaines...

L'empereur Joseph II, qui n'aimait guère l'opéra *seria*, meurt en 1790. Mais son frère Leopold, qui lui succède, apprécie ce genre lyrique : en septembre 1791, il doit être officiellement couronné roi de Bohême – une des possessions héréditaires des Habsbourg – à Prague. En vue des festivités officielles, le directeur du théâtre pragois où Mozart a déjà triomphé avec ses *Noces de Figaro* et la création de *Don Giovanni* arrête son choix sur *La Clémence de Titus*. Il s'agit d'un texte du poète Métastase, italien de naissance et viennois d'adoption, qui a signé durant tout le XVIIIe siècle une quantité invraisemblable de livrets d'opéra. Depuis sa parution en 1734, le texte a été mis en musique à plusieurs reprises. Contacté le premier, Salieri décline l'offre. Mozart vient en second, il accepte. Les honoraires sont conséquents : 200 ducats. Mais les contraintes sont pesantes. Mozart doit patienter avant que Mazzolà, poète de la cour de Vienne, successeur de Da Ponte, ait modifié le livret original, l'adaptant au goût du jour et aux exigences du compositeur. Surtout, la distribution vocale n'est pas complète. Or Mozart, fin connaisseur de la voix humaine, écrit toujours en fonction d'interprètes dont il connaît les qualités vocales et le talent expressif sur une scène de théâtre : il compose « sur mesure ». À l'origine du projet, seul le rôle de Titus est attribué.

Pourtant la partition sera achevée dans les temps. D'où la légende d'une composition ultra-rapide (certains critiques diront bâclée), en moins de trois semaines. Il est vrai que Mozart s'est fait aider pour l'écriture des passages en récitatif *secco* (déclamation que soutient le seul clavecin) par son élève Süssmayr, qui se rendra célèbre en achevant le *Requiem* après la mort du maître. Cependant, on sait aujourd'hui que Mozart fit sans doute des esquisses

de la partition avant l'été 1791. Une chose est sûre : Mozart composait vite ; il avait la musique dans la tête et l'oreille ; la main transcrivait ensuite. En 1781, les répétitions d'*Idoménée* avaient débuté avant même que l'écriture du dernier acte soit achevée. En 1787, l'ouverture de *Don Giovanni* avait été écrite la veille de la création à Prague... Mozart avait du génie. Il avait aussi, depuis l'enfance, ce qu'on appelle du métier.

LE GOÛT POUR L'ANTIQUE

L'opéra *seria* met en scène des personnages antiques, qu'ils soient romains (*La Clémence de Titus*) ou grecs (*Idoménée*). Il est en accord avec le goût néoclassique qui se développe dans la seconde moitié du XVIIIe, stimulé par des découvertes archéologiques majeures : les sites de Pompéi et d'Herculanum, près de Naples, sont fouillés depuis les années 1730-1740 ; Mozart et son père les ont visités lors du voyage en Italie de 1770. Ce goût européen pour l'antique est sensible dans l'architecture, la sculpture, la peinture et les arts décoratifs.

À gauche : Projet de décor de Lorenzo Quaglio pour la création d'*Idoménée*, 1781.
Ci-dessus : Couverture du livret d'opéra à la création de *La Clémence de Titus*, 1791.

69

AU PAYS DES CONTES MERVEILLEUX

La Flûte enchantée

1791

« [...] je suis allé sur le plateau pour l'air de Papageno avec le glockenspiel...
et j'ai fait la blague, au moment où Schikaneder a une pause, de jouer un arpeggio ;
il a eu peur, il a regardé en coulisse et il m'a vu ; quand le passage est venu une seconde
fois, je n'ai rien fait ; alors il s'est arrêté comme s'il ne voulait pas reprendre ; j'ai
deviné ses pensées et j'ai joué de nouveau un accord ; alors il a tapé sur le glockenspiel
en disant "ta gueule" ! »
(Lettre de Mozart à Constance, 8 octobre 1791, Vienne)

Ci-contre : Décor de Karl Friedrich Schinkel pour *La Flûte enchantée*, Berlin, 1816.

La Flûte enchantée,
mise en scène de Alex Olle et Carlos Padrissa, 2005.

Feuillet gommé : *La Flûte enchantée*, partition manuscrite
de Mozart, 1791.

LE RÉCIT
Une féerie égyptienne

Épris du portrait de Pamina, le prince Tamino découvre l'amour en même temps que le royaume féerique de Sarastro. Son parcours vers la femme aimée sera spirituel. Il lui fera vaincre une série d'épreuves et d'initiations qui mènent là où sagesse, amour et justice se conjuguent harmonieusement.

ACTE I. UN COUP DE FOUDRE CHEZ SARASTRO LE SAGE.

L'Égypte des contes merveilleux… Le prince Tamino, poursuivi par un énorme serpent, s'évanouit. Trois Dames surgissent, tuent le monstre puis quittent à regret le beau jeune homme, qui reprend ses esprits au chant d'un oiseleur, Papageno, être jovial et vantard. Les trois Dames réapparaissent et offrent au prince le portrait de Pamina, la fille de leur souveraine la Reine de la nuit. Tamino est subjugué. La Reine arrive et lui ordonne de libérer Pamina, séquestrée par Sarastro. Pour sa mission, il reçoit une flûte enchantée et Papageno, qui l'accompagne, un *glockenspiel* (un carillon) magique. Dans le royaume de Sarastro, Papageno rencontre Pamina et lui apprend qu'un prince amoureux arrive pour la délivrer. Pendant ce temps, Tamino, guidé par trois Garçons, cherche à franchir les portes du royaume. À la troisième tentative, un prêtre lui explique que, si la haine continue de l'animer, il ne pourra jamais accéder au temple de la Sagesse. Tamino comprend que Sarastro n'est pas le tyran qu'on lui a dépeint. Le souverain arrive en tête d'un cortège sacré. C'est le moment d'éblouissement où Pamina et Tamino se découvrent.

ACTE II. LE TEMPS DE L'INITIATION.

Tamino est destiné à rejoindre le cercle des sages initiés aux mystères d'Isis et d'Osiris, à condition d'affronter de dures épreuves. Il dit être prêt à risquer sa vie. Papageno, bien qu'hésitant, choisit de le suivre. Leur première épreuve: garder le silence. Les trois Dames tentent de les faire parler, mais en vain. La Reine de la nuit se glisse auprès de Pamina et, ivre de rage, lui commande le meurtre de Sarastro. Pamina, bouleversée, se confie à Sarastro et le supplie d'épargner sa mère. Pendant ce temps, une vieille femme s'approche de Papageno : elle dit être Papagena, sa promise. Un coup de tonnerre la chasse. Les trois Garçons apparaissent pour remettre à Tamino et à son compagnon des mets et les instruments magiques, flûte et *glockenspiel*. Papageno se jette sur la nourriture, tandis que Tamino se contente d'un air de flûte. La musique attire Pamina. Mais elle ne sait pas que son bien-aimé est obligé de se taire. Elle croit qu'il la rejette et, désespérée, va se donner la mort. Les trois Garçons l'arrêtent, lui redonnent espoir et la conduisent vers les épreuves ultimes qu'elle a le droit de partager avec Tamino. Plein d'élan, de pureté et d'amour, secondé par la magie de la flûte, le couple traverse le feu et l'eau. Tandis que Papageno retrouve Papagena sous sa vraie forme de jeune fille, la Reine de la nuit tente de violer le sanctuaire de Sarastro. Mais son pouvoir est anéanti. Sarastro accueille Pamina et Tamino : ils peuvent désormais s'unir et célébrer avec tous la victoire de la lumière et de la sagesse sur les ténèbres.

En haut : Plaque en faïence décrivant une scène de *La Flûte enchantée*, XVIIIe siècle. Ci-contre : Décor de Karl Friedrich Schinkel pour *La Flûte enchantée*, Berlin, 1816.

Papageno, l'oiseleur, XVIIIᵉ siècle.

UNE INITIATION
à l'amour et à la sagesse

Opéra en langue allemande avec des dialogues parlés, *La Flûte enchantée* s'apparente au *singspiel* de 1782 *L'Enlèvement au sérail*. Mais, par son message spirituel ambitieux et par sa facture, qui harmonise les éléments les plus divers, elle a valeur de testament musical.

Le parcours initiatique de Tamino et de Pamina mobilise des symboles comme le cadre égyptien antique, les rites consacrés à Isis et Osiris, le chiffre trois (trois Dames, trois Garçons...). Le thème des épreuves qui arrachent à la peur et à l'obscurité pour conduire vers la lumière, vers un idéal de fraternité et de vertu est résumé par le souverain Sarastro : «Dans ces murs sacrés, où l'homme aime son prochain, nul traître ne se cache car nous pardonnons à nos ennemis. Celui qui n'entend pas cet enseignement ne mérite pas d'être un homme.»

Très en vogue dans les sociétés européennes du XVIIIᵉ siècle, structurée autour de loges où l'on entre au terme d'une cérémonie initiatique, la franc-maçonnerie a enthousiasmé Mozart. Fin 1784, il a été accueilli dans la loge viennoise «À la bienfaisance», fondée par son ami le baron von Gemmingen. Entre 1785 et 1791, il a composé plusieurs œuvres vocales et instrumentales dédiées à ses « frères » maçons.

Mais, à côté de cette symbolique sous-jacente, d'autres éléments rendent le message mozartien plus universel. Car *La Flûte enchantée* est aussi un conte s'adressant à la part enfantine de l'imagination. Dès le début, nous sommes entraînés dans la féerie avec le serpent monstrueux, un Papageno mi-homme mi-oiseau, trois Dames au service d'une Reine de la nuit dévoilant vite sa nature malfaisante. Sarastro, dénoncé comme un sorcier funeste, se révèle un bon génie. Les instruments enchanteurs, flûte et *glockenspiel*, apprivoisent sous nos yeux la sauvagerie de la nature. Les trois Garçons tombent toujours du ciel pour orienter, conseiller ou sauver. Les situations de farce et de fantaisie voisinent avec des moments graves et nobles où l'amour de Tamino et de Pamina se construit, se fortifie. Des mélodies d'allure populaire, que l'on retient

comme des comptines, sont intégrées dans une partition où l'élévation du propos et du ton a une dimension sacrée. Plus qu'un simple *singspiel*, *La Flûte enchantée* est un grand opéra singulier, populaire et aristo-cratique. Il a valeur testamentaire non seu-lement parce qu'il est le dernier de Mozart, mais parce qu'il réalise la fusion miracu-leuse entre profondeur spirituelle et esprit de l'enfance.

UNE AMITIÉ FÉCONDE

Au cœur du projet de *La Flûte enchantée*, un homme : Emanuel Schikaneder (1751-1812). Il est le commanditaire de l'ouvrage, le signataire du livret et le créateur du rôle de Papageno. Les deux hommes se connaissent depuis Salzbourg, où Schikaneder, qui dirigeait une troupe itinérante de comédiens, avait fait halte en 1780. Il était alors célèbre pour son interprétation du rôle de Hamlet. Quelques années plus tard, il allait s'installer à Vienne comme directeur de théâtre, et s'attacher à défendre le *singspiel* et l'opéra en langue allemande.

En haut à gauche : Cérémonie d'initiation à la loge maçonnique de Vienne par Ignaz Unterberger, 1784.

Ci-dessus : Le certificat de franc-maçon de Mozart, daté du 1er décembre 1785.

En haut à droite : Portrait d'Emanuel Schikaneder par Philipp Richter, 1810.

La dernière JOIE...

On a souvent déploré la fin de Mozart, qui aurait été marquée par la misère matérielle et la solitude morale. La réalité est plus nuancée. Après une période difficile, l'année 1791 et l'incroyable accueil réservé à *La Flûte enchantée* marquaient sans doute un nouveau départ dans la carrière du compositeur.

CONSTANCE, VEUVE AVISÉE

La postérité a d'abord jugé sévèrement Constance Mozart, l'accusant d'être frivole, désordonnée, inculte et peu soucieuse de la musique de son génial époux... Aujourd'hui, elle est largement réhabilitée. On sait qu'elle forma avec Wolfgang un couple solide, uni par la tendresse. Devenue veuve, elle défendit l'œuvre du compositeur avec beaucoup d'énergie. Elle organisa des concerts en sa mémoire, diffusa ses partitions, fit publier sa correspondance. Avec son second mari, Georg Nissen, elle collabora à la première grande biographie de Mozart, publiée en 1828. Constance s'installa en 1821 à Salzbourg, où elle mourut en 1842, à l'âge de quatre-vingts ans.

En haut : Portrait des deux fils de Mozart, Karl Thomas et Franz Xaver, par Hans Hansen, 1798.

A vec *La Flûte enchantée*, quelque chose d'extraordinaire se produit dans la carrière de Mozart – et plus largement dans l'histoire de l'opéra et de sa réception. À la différence des œuvres précédentes, le nouvel ouvrage n'est pas destiné au public de la cour, celui du Burgtheater de Vienne ou du Théâtre national fréquenté par la noblesse pragoise. *La Flûte* est créée dans une grande salle des faubourgs de Vienne, le Theater auf der Wieden, dont Schikaneder est le directeur. Mozart y rencontre un large public, bourgeois et populaire, qui adopte sa musique avec enthousiasme. Vingt-quatre représentations en octobre ; en novembre 1792, on dépassera la centième. La notoriété de l'œuvre gagne rapidement l'ensemble du monde germanique.

Auprès du public de la cour, Mozart se trouvait en rivalité avec des compositeurs plus officiellement reconnus que lui, les Paisiello, Salieri et autres Italiens supposés plus doués que les autres pour l'écriture vocale. Malheureusement, il n'est plus là pour jouir de cette popularité et concrétiser ce qui aurait été un beau redémarrage de sa carrière lyrique.

Après une période d'insuccès, de déboires financiers, Mozart entrait en 1791 dans une nouvelle dynamique. Il avait travaillé avec acharnement : en quelques mois, deux opéras, un concerto pour clarinette destiné à son ami Anton Stadler, deux brèves cantates maçonniques, la commande d'un *Requiem*... Au sortir de l'été, quand Mozart rentre à Vienne, il est épuisé. À la fin d'octobre, il est pris d'un malaise au cours d'une promenade avec Constance. Un moment, il imagine avoir été empoisonné... Son état de santé s'aggrave. Vers le 20 novembre, il doit s'aliter. Les symptômes dont il souffre – douleurs lombaires, gonflement des mains et des pieds, paralysie partielle – ont récemment permis de diagnostiquer une maladie

chronique des reins, qui aurait dégénéré. Elle provoque, dans la nuit du 4 au 5 décembre 1791, la mort du compositeur, qui n'a pas eu le temps d'achever son dernier opus.

En haut à gauche : Costume de la Danseuse de l'eau par Roger Chapelain-Midi, 1902.
En haut à droite : Projet de décor de Simon Quaglio pour une scène avec la Reine de la nuit, Munich, 1818.
Au-dessous : Silhouette d'Antonio Salieri, 1790.

LE VRAI SALIERI

Contrairement à la légende noire propagée par le poète Pouchkine et popularisée par le film *Amadeus* de Milos Forman, Antonio Salieri (1750-1825) ne fut pas le monstre qui empoisonna Mozart par jalousie. Ils furent rivaux à Vienne, où Salieri, compositeur de la cour, régnait sur l'opéra, et se disputèrent la collaboration de tel librettiste (Da Ponte) ou de telle cantatrice (Caterina Cavalieri, Nancy Storace). Mais, lors de la création de *La Flûte enchantée*, Salieri répondit à l'invitation de son collègue et s'émerveilla de la beauté de la partition. Mozart en fut très touché. Plus tard, Salieri fut un professeur généreux. Il eut comme élèves Beethoven, Schubert et le tout jeune prodige du piano Franz Liszt.

Lieux MOZARTIENS

BIEN DES LIEUX EUROPÉENS GARDENT LA MÉMOIRE DU PASSAGE DE MOZART :

À Salzbourg, les deux appartements familiaux, celui où Mozart naquit en 1756 et celui où il vécut à partir de 1773, sont aujourd'hui des musées. Le Mozarteum, créé en 1841 à l'initiative de Constance, devenu université depuis 1998, organise cours, colloques et concerts. Les palais du premier patron de Mozart, Colloredo (la résidence des princes-archevêques et le château Mirabell), font également partie du circuit traditionnel proposé au touriste contemporain.

À Vienne, un musée occupe un des domiciles les plus luxueux du compositeur, la maison Camesina, rebaptisée « Figaro Haus ». Mozart y vécut de 1784 à septembre 1787, alors que sa réputation et son succès dans la capitale autrichienne connaissaient leur apogée.

À Prague, qui plus que toute autre ville aima les opéras mozartiens, on trouve deux lieux où le compositeur séjourna en 1787 : l'ancien palais de son ami le comte Thun-Hohenstein, occupé aujourd'hui par l'ambassade de Grande-Bretagne ; et la villa Bertramka, propriété de la cantatrice Josepha Duschek et de son mari, qui abrite désormais un musée Mozart. Le théâtre Nostitz est celui qui vit le triomphe des *Noces de Figaro* en décembre 1786, la création de *Don Giovanni* à l'automne 1787 et celle de *La Clémence de Titus* en septembre 1791.

À Munich, le théâtre Cuvilliés est le splendide écrin où fut créé en 1781 l'opéra *Idoménée*.

À Paris, où Mozart séjourna à deux reprises, quand il était enfant puis jeune adulte, on retrouve certaines adresses qu'il fréquenta avec sa famille. Au nº 68 de la rue François-Miron, près de l'Hôtel de Ville, se dresse l'hôtel de Beauvais, où le comte Van Eyck logea les Mozart pendant quelques mois en 1763. En revenant d'Angleterre en 1766, la famille loua un appartement dans la rue Traversière (actuelle rue Molière, près du Palais-Royal). Il y a aussi les lieux prestigieux où le jeune prodige se produisit : le château de Versailles, résidence royale, et le palais de l'Élysée, où vivait en 1763 la marquise de Pompadour, maîtresse du roi Louis XV et grande protectrice des arts.

En haut : La maison natale de Mozart, à Salzbourg.
Ci-dessus : L'appartement de Mozart à Vienne, sur la Schulerstraße.

PLUSIEURS VILLES ORGANISENT, GÉNÉRALEMENT L'ÉTÉ, DES FESTIVITÉS, SPECTACLES LYRIQUES, RÉCITALS ET CONCERTS AUTOUR DE L'ŒUVRE MOZARTIENNE :

Le prestigieux festival de Salzbourg existe depuis 1920 (1922 pour la musique et l'opéra) ; d'abord tourné vers Mozart, il a élargi son répertoire depuis les années 1960.

En Grande-Bretagne, le festival de Glyndebourne, fondé par le riche Anglais John Christie, s'ouvrit en 1934 et se développa autour des opéras de Mozart, qui forment toujours le cœur de la programmation.

En France, le Festival d'art lyrique d'Aix-en-Provence réserve depuis sa naissance en 1948 (avec *Così fan tutte*) une place de choix aux chefs-d'œuvre de Mozart, avec une programmation d'une grande diversité allant de la musique baroque aux créations contemporaines. Plus récent, le festival de Saoû, village de la Drôme, fête Mozart de façon plus intimiste.

À gauche : La maisonnette dans laquelle Mozart écrivit une partie de *La Flûte Enchantée* en 1791, installée aujourd'hui dans le jardin du Mozarteum de Salzbourg.
Ci-dessus : Mozart écrivant *La Flûte Enchantée* dans sa chambre à Kahlenberg.
Ci-contre : La salle de concert du Mozarteum.

Bibliographie
Discographie

BIBLIOGRAPHIE

**Pour approfondir la connaissance
de l'œuvre et de la vie de Mozart :**

– Alfred EINSTEIN, *Mozart, l'homme et
l'œuvre*, Paris, Gallimard, coll. « Tel », rééd.
1991.
– MOZART, *Lettres des jours ordinaires,
1756-1791* (extraits de la correspondance),
Paris, Fayard, 2005.
– H. C. ROBBINS LANDON (dir.), *Dictionnaire
Mozart*, Paris, Lattès/Fayard, rééd. 1997.
– Teodor WYZEWA et Georges de SAINT-
FOIX, *Mozart*, Paris, Robert Laffont, coll.
« Bouquins », 2 vol., 1986.

Sur les opéras de Mozart :

– Lorenzo DA PONTE, *Trois Livrets pour
Mozart*, éd. bilingue (trad. Michel Orcel),
Paris, GF-Flammarion, 3 vol., 1994.
– Jean-Victor HOCQUARD, 7 volumes de la
collection « Les grands opéras de Mozart »,
Paris, Aubier-Montaigne, 1978-1986.
– Brigitte MASSIN (dir.), *Guide des opéras
de Mozart*, Paris, Fayard, 1991.
– Rémy STRICKER, *Mozart et ses opéras*,
Paris, Gallimard, coll. « Tel », rééd. 1987.

DISCOGRAPHIE

L'Enlèvement au sérail

– 1954, sous la direction de Ferenc Fricsay,
avec Maria Stader (Constance), Rita Streich
(Blonde), Ernst Haefliger (Belmonte),
Martin Vantin (Pedrillo), Josef Greindl
(Osmin) - Deutsche Grammophon (DG).
– 1984, sous la direction de sir Georg Solti,
avec Edita Gruberova, Kathleen Battle,
Gösta Winbergh, Heinz Zednik, Martti
Talvela - Decca.

Les Noces de Figaro

– 1959, sous la direction d'Erich Kleiber,
avec Lisa della Casa (la Comtesse),
Hidle Güden (Suzanne), Suzanne Danco
(Chérubin), Alfred Poell (le Comte),
Cesare Siepi (Figaro) - Decca.
– 1986, sous la direction de Riccardo Muti,
avec Margaret Price, Kathleen Battle,
Ann Murray, Jorma Hynninen, Thomas
Allen - EMI.

Don Giovanni

– 1959, sous la direction de Carlo
Maria Giulini, avec Joan Sutherland
(Donna Anna), Elisabeth Schwarzkopf
(Donna Elvire), Graziella Sciutti (Zerline),
Eberhard Wächter (Don Giovanni),
Guiseppe Taddei (Leporello), Luigi Alva
(Don Ottavio), Piero Cappuccilli (Masetto),
Gottlob Frick (le Commandeur) - EMI.
– 1956, sous la direction de Dimitri
Mitropoulos (enregistré au festival de
Salzbourg), avec Elisabeth Grümmer,
Lisa della Casa, Rita Streich, Cesare Siepi,
Fernando Corena, Leopold Simoneau,
Walter Berry, Gottlob Frick - Discoreale-
Replica.

Così fan tutte

– 1954, sous la direction de Herbert
von Karajan, avec Elisabeth Schwarzkopf
(Fiordiligi), Nan Merriman (Dorabella),
Lisa Otto (Despina), Leopold Simoneau
(Ferrando), Rolando Panerai (Guglielmo),
Sesto Bruscantini (Don Alfonso) - EMI.
– 1955, sous la direction de Karl Böhm,
avec Lisa della Casa, Christa Ludwig,
Emmy Loose, Anton Dermota, Erich Kunz,
Paul Schöffler - EMI.

Timbre autrichien de 40 schillings à l'effigie de Mozart,
XIXe siècle.

La Clémence de Titus

– 1968, sous la direction d'Ivan Kertesz,
avec Maria Casula (Vitellia), Teresa
Berganza (Sextus), Lucia Popp (Servilia),
Brigitte Fassbaender (Annius), Werner
Krenn (Titus) - Decca.

La Flûte enchantée

– 1955, sous la direction de Ferenc
Fricsay, avec Maria Stader (Pamina),
Rita Streich (la Reine de la nuit),
Lisa Otto (Papagena), Ernst Haefliger
(Tamino), Dietrich Fischer-Dieskau
(Papageno), Josef Greindl (Sarastro),
Kim Borg (l'Orateur) - DG.
– 1964, sous la direction de Karl Böhm,
avec Evelyn Lear, Roberta Peters,
Lisa Otto, Fritz Wunderlich, Dietrich
Fischer-Dieskau, Franz Crass, Hans
Hotter, James King et Martti Talvela
(Deux Hommes en armes) - DG.
– 1972, sous la direction de Wolfgang
Sawallisch, avec Anneliese Rothenberger,
Edda Moser, Olivera Miljakovic,
Peter Schreier, Walter Berry, Kurt Moll,
Theo Adam - EMI.

CRÉDITS

p. 6. *Wolfgang Amadeus Mozart âgé de six ans portant un costume de gala, cadeau de l'impératrice Marie-Thérèse* par Pietro Antonio Lorenzoni, 1763, huile sur toile. MOZART MUSEUM, SALZBOURG, AUTRICHE. © BRIDGEMAN-GIRAUDON • *Wolfgang Amadeus Mozart* par Thaddeus Helbling, 1768, peinture. © AKG-IMAGES • *Wolfgang Amadeus Mozart* par Barbara Krafft, 1818, huile sur toile. GESELLSCHAFT DER MUSIKFREUNDE, VIENNE, AUTRICHE. © BRIDGEMAN-GIRAUDON • *Wolfgang Amadeus Mozart*, portrait idéalisé du compositeur par Julius Schmid, 1890, dessin. © AKG-IMAGES • *Wolfgang Amadeus Mozart*, anonyme, 1786, pastel. © BPK, BERLIN, DIST RMN © ALFREDO DAGLI ORTI • *Wolfgang Amadeus Mozart* par Josef Georg Edlinger, vers 1790, huile sur toile. GEMÄLDEGALERIE (SMPK), BERLIN, ALLEMAGNE © BPK, BERLIN, DIST RMN © JÖRG P. ANDERS

Chapitre 1 : L'Europe à travers chants

p. 10. Vue de Salzbourg par Georg Emil Libert, XIXᵉ siècle. COLLECTION PRIVÉE. © BRIDGEMAN-GIRAUDON © CHRISTIE'S IMAGES

p. 12. Vue de Salzbourg, anonyme, 1775, huile sur toile. MUSEUM CAROLINO AUGUSTEUM. © AKG-IMAGES • Mozart enfant jouant au piano avec son père et sa sœur, vers 1763-1764, par Carmontelle. MUSÉE DE CONDÉ, CHANTILLY, FRANCE. © PHOTO RMN / RENÉ-GABRIEL OJÉDA

p. 13. Sonates pour clavecin dédiées à Madame Victoire de France, fille de Louis XV. © AKG-IMAGES • Mozart dans le salon des Quatre-Glaces au palais du Temple à Paris en 1764, par Ollivier Michel Barthélemy, huile sur toile. CHÂTEAUX DE VERSAILLES ET DU TRIANON, VERSAILLES, FRANCE. © PHOTO RMN / GÉRARD BLOT • La mauvaise façon de tenir le violon et la bonne façon de tenir le violon par Leopold Mozart, 1756, gravure sur cuivre. © AKG-IMAGES

p. 14. Première représentation de *L'Incontro improviso* de Joseph Haydn au palais Esterhazy, en 1775, gouache. DEUTSCHES THEATERMUSEUM. © AKG-IMAGES • Portrait de Joseph Haydn par Thomas Hardy, 1792, huile sur toile. ROYAL COLLEGE OF MUSIC, LONDRES, ROYAUME-UNI. © AKG-IMAGES

p. 15. Lettre de Mozart à Haydn, 1784. BIBLIOTHÈQUE DE BERLIN, ALLEMAGNE. MENDELSSOHN-ARCHIV. © BPK, BERLIN, DIST RMN • Lettre de Mozart à sa cousine Maria Anna Thelka Mozart, 10 mai 1779. BRITISH MUSEUM, LONDRES, ROYAUME-UNI. © AKG-IMAGES • Manuscrit original du *Requiem en ré mineur* pour soliste, chœur et orchestre, 1791. BIBLIOTHÈQUE NATIONALE DE ÖSTERR, VIENNE, AUTRICHE. © AKG-IMAGES

p. 16. Portrait de Jean-Chrétien Bach par Thomas Gainsborough, huile sur toile. MUSEO CIVICO, BOLOGNE, ITALIE. © BRIDGEMAN-GIRAUDON • Vue de Londres dans les années 1780 par Thomas Junior Malton, crayon, encre et aquarelle sur papier. © FERENS ART GALLERY, HULL CITY MUSEUMS AND ART GALLERIES © BRIDGEMAN-GIRAUDON

p. 17. *Le Menuet* par Giandomenico Tiepolo, XVIIIᵉ siècle, huile sur toile. MUSÉE DU LOUVRE, PARIS, FRANCE © PHOTO RMN / GÉRARD BLOT • Vue de Bologne par William Callow, XIXᵉ siècle. VICTORIA & ALBERT MUSEUM, LONDRES, ROYAUME-UNI. © BRIDGEMAN-GIRAUDON • Caricature de Farinelli, Cuzzoni et Senesino dans *Flavio* de Haendel, vers 1728. © CITY OF WESTMINSTER ARCHIVE CENTRE, LONDRES, ROYAUME-UNI. © BRIDGEMAN-GIRAUDON

p. 18. Diligence devant une auberge par Thomas Rowlandson, aquarelle sur papier. COLLECTION PRIVÉE. © CHRIS BEETLES, LONDRES, ROYAUME-UNI. © BRIDGEMAN-GIRAUDON • L'Europe au XVIIIᵉ siècle par Charles Marie Rigobert Bonne, ingénieur, hydrographe de la Marine, gravure colorée. COLLECTION PRIVÉE.

p. 19. Vue de Vienne en 1783 par Carl Schütz, gravure colorée. WIEN MUSEUM, VIENNE, AUTRICHE. © AKG-IMAGES / ERICH LESSING • Gants à l'effigie du prince-archevêque Colloredo, protecteur de Mozart à Salzbourg. ERZBISCHÖFLICHES PALAIS, SALZBOURG, AUTRICHE. © AKG-IMAGES / ERICH LESSING

Chapitre 2 : L'Enlèvement au sérail

p. 20. *Le déjeuner de la sultane* par Nicolas-Pierre Pithou le Jeune, d'après Charles Amédée Philippe Van Loo, 1783, porcelaine tendre. MUSÉE NATIONAL DE CÉRAMIQUE, SÈVRES, FRANCE. © PHOTO RMN / MARTINE BECK-COPPOLA

p. 22. Céramique ottomane d'Istanbul, début XVIIᵉ siècle. MUSEUM FÜR ISLAMISCHE KUNST, BERLIN, ALLEMAGNE. © BPK, BERLIN, DIST RMN / GEORG NIEDERMEISER

p. 23. *Promenade de personnages dans un jardin fleuri devant un palais* par Jean-Baptiste Hilaire, aquarelle. MUSÉE DU LOUVRE, PARIS, FRANCE. © PHOTO RMN / MICHÈLE BELLOT

p. 24-25. *L'Enlèvement au sérail*, mise en scène de Jérôme Deschamps et Macha Makeieff, Baden-Baden, Allemagne, le 5 juin 2003. © PASCAL GELY AGENCE BERNAND

feuillet gommé : *Salon de réception d'une riche maison de Damas* par Alphonse Gosset, XIXᵉ siècle, dessin. MUSÉE D'ORSAY, PARIS, FRANCE. © PHOTO RMN - HERVÉ LEWANDOWSKI

p. 26. Panneau peint provenant du décor du second cabinet turc du comte d'Artois par Jean Siméon Rousseau, 1781. CHÂTEAUX DE VERSAILLES ET DU TRIANON, VERSAILLES, FRANCE. © PHOTO RMN / GÉRARD BLOT • Portrait supposé de Constance par Joseph Trinquesse, 1787, crayon et craie. GERALD COKE HANDEL COLLECTION, FOULDING MUSEUM, LONDRES, ROYAUME-UNI. © BRIDGEMAN-GIRAUDON

p. 27. Vue intérieure du harem du sultan de Constantinople par François Denis Née, 1811, gravure. STAPLETON COLLECTION, ROYAUME-UNI. © BRIDGEMAN-GIRAUDON • La Fille du sultan, période ottomane, XVIIIᵉ siècle, aquarelle. SCHOOL OF ORIENTAL AND AFRICAN STUDIES LIBRARY, LONDRES, ROYAUME-UNI. © BRIDGEMAN-GIRAUDON

p. 28. Portrait de l'empereur Joseph II d'Autriche par Mathias Jakob Schmutzer, XVIIIᵉ siècle, pierre noire et sanguine. MUSÉE DU LOUVRE, PARIS, FRANCE. © PHOTO RMN - JACQUES L'HOIR / JEAN POPOVITCH

p. 29. Parc d'Augarten à Vienne par Johann Ziegler, 1783, gravure colorée. MUSÉE DE VIENNE, AUTRICHE. © AKG-IMAGES • *La Danse ou Iris* par Jean Antoine Watteau, 1719-1720, huile sur toile. GEMALDEGALERIE, BERLIN, ALLEMAGNE. © BRIDGEMAN-GIRAUDON

Chapitre 3 : *Les Noces de Figaro*

p. 30. L'acteur Thénard dans le rôle de Figaro par Henri-Pierre Danloux, huile sur toile. COMÉDIE FRANÇAISE, ARCHIVES CHARMET, PARIS, FRANCE. © BRIDGEMAN-GIRAUDON

p. 32-33. *Les Noces de Figaro*, mise en scène de Giorgio Strehler, Opéra Bastille, Paris, France, le 19 mai 2003. © PASCAL GELY AGENCE BERNAND

feuillet gommé : *Les Noces de Figaro*, partition manuscrite de Mozart, 1786. STAATSBIBLIOTHEK DE BERLIN - MUSIKABTEILUNG BERLIN, ALLEMAGNE. © BPK, BERLIN, DIST. RMN - PHOTOGRAPHE INCONNU

p. 34. Page de titre de l'acte III de la partition des *Noces de Figaro*, 1788, gravure colorée. © AKG-IMAGES / RABATTI-DOMINGIE

p. 35. « Je le tuerai… », extrait de l'acte II du *Mariage de Figaro* de Beaumarchais, par Jacques Philippe Joseph de Saint-Quentin, 1785, crayon et encre sur papier. BIBLIOTHÈQUE DE LA COMÉDIE-FRANÇAISE, PARIS, FRANCE. © BRIDGEMAN-GIRAUDON

p. 36. Une actrice tenant le rôle de Rosine dans *Le Barbier de Séville* de Beaumarchais, gouache sur papier, XVIIIᵉ siècle. MUSÉE CARNAVALET, PARIS, FRANCE. © BRIDGEMAN-GIRAUDON • Personnages du Carnaval de Paris, vers 1840, gravure colorée (détail). COLLECTION PARTICULIÈRE. © BRIDGEMAN-GIRAUDON

p. 37. *Pierrot et Arlequin* par Philippe Mercier, XVIIIᵉ siècle. COLLECTION PARTICULIÈRE. © BRIDGEMAN-GIRAUDON • *Comédiens italiens dans un parc* par Jean-Baptiste Oudry, vers 1725, huile sur toile. COLLECTION PARTICULIÈRE © BRIDGEMAN-GIRAUDON

p. 38. Portrait de Lorenzo da Ponte par Nathaniel Rogers, 1820, gravure colorée. © AKG-IMAGES

p. 39. Portrait de Pierre Augustin Caron de Beaumarchais par Jean-Marc Nattier, huile sur toile. © AKG-IMAGES • Vue des bords de Seine à Paris par J. Baptiste, XVIIIᵉ siècle. MUSÉE POUCHKINE, MOSCOU, RUSSIE © BRIDGEMAN-GIRAUDON • Costume de l'acteur Dazincourt dans le rôle de Figaro, gravure sur cuivre. BIBLIOTHÈQUE NATIONALE, PARIS, FRANCE. © AKG-IMAGES

Chapitre 4 : *Don Giovanni*

p. 40. *Le Marchand de pommes* par Alessandro Longhi, huile sur toile (détail). CA'REZZONICO, MUSÉE DEL SETTECENTO, VENISE, ITALIE. © BRIDGEMAN-GIRAUDON